从结绳到比特

——人类心灵的表达

王荔 著

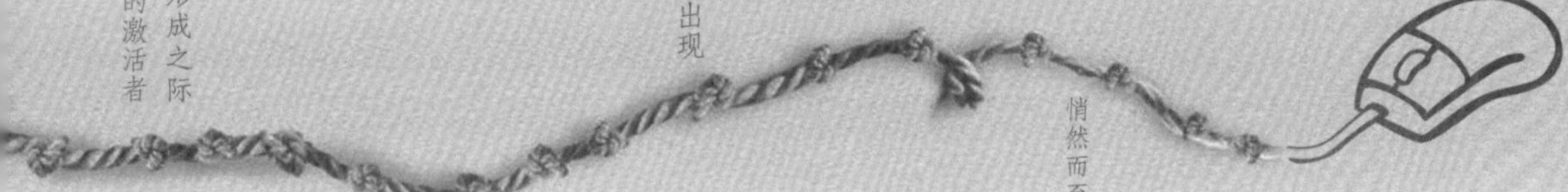

同济大学出版社

图书在版编目（CIP）数据

从结绳到比特：人类心灵的表达 / 王荔著 .
-- 上海：同济大学出版社，2017.7

ISBN 978-7-5608-6602-4

Ⅰ．①从… Ⅱ．①王… Ⅲ．①视听传播 – 研究
Ⅳ．① G206.2

中国版本图书馆 CIP 数据核字（2016）第 272936 号

从结绳到比特——人类心灵的表达

王　荔　著

责任编辑　熊磊丽

责任校对　徐春莲

封面设计　陈益平

出版发行　同济大学出版社　www.tongjipress.com.cn
（地址：上海市四平路1239号　邮编：200092　电话：021–65985622）

经　　销　全国各地新华书店

印　　刷　上海同济印刷厂有限公司

开　　本　787mm × 960mm　1/16

印　　张　8.25

字　　数　165 000

版　　次　2017年7月第1版　　2017年7月第1次印刷

书　　号　ISBN 978–7–5608–6602–4

定　　价　38.00元

序

有史以来，思想交流与情感表达，是人类生活中最为基本也是最为重要的行为与活动。人类从利用自身作为媒介到通过各种发明创造媒介，媒介功能日益强大，但是其终极目的却始终如一，即仍然是为了思想交流与情感表达。

媒介究竟是单纯的物质载体还是思想的表达手段呢？应当说两者兼备。在广义层面上，无论是人类用以表达的语言文字，还是承载它们的纸张与网络或其他东西，都是媒介的定义范畴。人的声音既是人自身的组成部分，又是人的思想的传播媒介之一，两者的高度统一与合作是无法用分裂的角度来描述的。应当说，媒介始终是为人与人所生存的社会服务的。离开社会，人对于视觉、听觉、触觉，尤其是思想交流等不断提升的自身诉求谈媒介的话，讨论就变得毫无意义，任何媒介也只是一种客观的存在而已。是因为人利用并创造了各种媒介，并使其发展成为人类作为世界上唯一强大、智慧生命体不可或缺的一部分。所以说，是人，唤醒了万物，成为万物媒介的激活者。

纵观人类的历史，人类的喜怒哀乐、兴衰变迁无不用尽手段地予以彰显，因为人类总是希望美好的生活，而美好的生活也包含着倾诉、交流、诉求、斗争或共享。在文字尚未诞生之时，人们以手结绳，表数记事，而在信息时代，所有的文字、声音与影像则存储在以比特为最小单位的数据存储容器之上。一个绳结与1比特虽然都是当时信息存储量的最小单位，但千万年后信息单位的内涵已经发生了质的改变。媒介技术随着社会与科学技术的发展而日新月异，所有人类所进行的倾诉、交流、诉求、斗争或共享都被逐渐转换成了社会产品，由个人的行为集聚为集体的能量，个人的声音变成了民族的呐喊甚至国家的意志。每个时代，人们都极力去掌控媒体，通过它们赢得最大范围、最多人群的支持与理解。媒体产品至少代表了一个及以上人群的审美理想、生活理念以及政治与宗教信仰，这也是媒体产品越来越被看作是象征一个国家软实力的根本原因之一。

但是，再强大的媒介终归还是人类思想的产物，以及人类情感表达的外化形式。本书旨在通过人类不同历史时期所创造的主流媒介形式，讨论人们当时的思想情感之精髓，抛砖引玉，以飨读者。

2016 年盛夏

目　录

第一章 人——万物媒介的激活者

西晋《春秋左传集解》中曾两次出现媒介一词："公不由媒介，自与齐侯会而成昏，非礼也。""言已，介达之，介音界，媒介也。"[1]分别代表媒人与引荐者之意。[2]在《旧唐书》中，关于"媒介"一词是这样说的："观古今用人，必因媒介。"[3]通过阅读全文得知，"媒介"在这里是指使双方发生关系的人或事物。古时候，"媒"字多指"媒人"，例如《诗·卫风·氓》中道："匪我愆期，子无良媒。"[4]后来则引申为事物发生的诱因，如《文中子·魏相》言："见誉而喜者，佞之媒也。"[5]而"介"字，则一直是指居于两者之间的中介体或工具，也指在两者或两者以上的人或事物间，介入参与其中的活动或组织，表达一种行为状态。

在英语中，媒介"media"是"medium"的复数形式，其义是指使事物之间发生关系的介质或工具。这种广义的"媒介"，不仅在人类的日常生活中时有所闻，就是在传播学著作中也屡见不鲜。在媒介研究大师马歇尔·麦克卢汉（Marshall McLuhan）笔下，"媒介即人的延伸"[6]，媒介可以是万物，万物皆媒介，所有媒介均可以同人体器官发生某种联系。媒介无时不有，无时不在。凡是能使人与人、人与事物或事物与事物之间产生关系的物质都是广义的媒介。

但是，这种全部依据"都集中在媒介工具对中枢感觉系统"的媒介理论忽略了人与人的社会关系，以及人类思想活动的内在因素。正如美国学者切特罗姆（Chet D.J. Roma）所指出的："他（麦克卢汉）的技术自然主义强调媒介是人的生物性延伸，而不是人

1 [西晋] 杜预：《春秋左传集解》，上海：上海人民出版社，1977 年，第 79、1801 页。

2 张振宇，张西子：《自"名"而"动"由"人"及"物"——中国古代"媒介"概念的意义变迁》，《国际新闻界》，2011 年，第 5 期，第 81 页。

3 [后晋] 刘昫：《旧唐书·卷七十八·列传第二十八》，北京：中华书局，1975 年，第 2703 页。

4 [清] 方玉润：《诗经原始》，北京：中华书局，1986 年，第 179 页。

5 郑春颖：《文中子中说译注》，黑龙江：黑龙江人民出版社，2003 年，第 149 页。

6 [加] 马歇尔·麦克卢汉：《理解媒介——论人的延伸》，何道宽译，北京：商务出版社，2000 年，第 33、50 页。

的社会性延伸。虽然他想通过传播媒介来追踪人类文化的发展，他的历史学却难以置信地缺乏真正的人民。”[7] 德弗勒（Melvin L DeFleur）也从广义的层面建构媒介：“媒介可以是任何一种用来传播人类意识的载体或一组安排有序的载体。”[8]

7 [美]D.J. 切特罗姆：《传播媒介与美国人的思想》，黄爱禾等译，北京：中国广播电视出版社，1992年，第195页。

8 [美]梅尔文·L·德弗勒，埃弗雷特·E·丹尼斯：《大众传播通论》，颜建军，王怡红，张跃宏，刘遒文译，北京：华夏出版社，1989年，第25页。

在狭义的层面上，人们对“媒介”的理解和运用也各不相同，在不同的语境或环境下，媒介亦有不同的解释。有学者认为：“媒介是指承载并传递信息的物理形式，包括物质实体和物理能。前者如文字、各种印刷品、记号、有象征意义的物体、信息传播器材等；后者如声波、光、电波等。”[9] 有时它也与传播渠道、传播内容的概念相混：“媒介是一个简单方便的术语，通常用来指所有面向广大传播对象的信息传播形式，包括电影、电视、广播、报刊、通俗文学和音乐。”[10]

9 龚炜：《新时期大众传媒与大众文化》，贵州：贵州人民出版社，2003年。

10 [英]戴维·巴勒特：《媒介社会学》，赵博英，孟春译，北京：社会科学文献出版社，1989年，第12、13页。

媒介究竟是单纯的物质载体还是思想的表达手段呢？应当说两者兼备。在广义层面上，无论是人类用以表达的语言文字，还是承载它们的纸张与网络或其他东西，都是媒介的定义范畴。人的声音既是人自身的组成部分，又是人的思想的传播媒介之一，两者的高度统一与合作是无法用分裂的角度来描述的。应当说，媒介始终是为人与人所生存的社会服务的。离开社会，人对于视觉、听觉、触觉，尤其是思想交流等不断提升的自身诉求谈媒介的话，讨论就变得毫无意义，任何媒介也只是一种客观的存在而已。是因为人利用并创造了各种媒介，并使其发展成为人类作为世界上唯一强大、智慧生命体不可或缺的一部分。

第一节　从远古走来的声音媒体

人类究竟是什么时候才开始说话的？这并非只是孩子们好奇的发问，而是今天的人类希望能够做出回答的众多重要科学问题之一。

在这个星球上，人类是唯一可以用语言来交流的生物。科学家宣称，在人类众多基因中，已经发现能使人类说话的基因，如果没有这个基因，语言与人类的文明就没有发展的机会。在过去的20万年间，基因的改变，促使人类能与其他生物向不同的路径演化，它就是FOXP2即语言基因，科学家发现这个基因是2001年的事情。英国牛津大学遗传学专家安东尼•玛纳克（Anthony P.Monaco）教授领导的一个研究小组，通过一项最新专题研究证实，人类开始说话始于20万年前。研究成果发表在2001年10月4日出版的《自然》杂志[11]上。他在文中提道：

Here we show that the gene FOXP2, which encodes a putative transcription factor containing a polyglutamine tract and a forkhead DNA-binding domain, is directly disrupted by the translocation breakpoint in CS. In addition, we identify a point mutation in affected members of the KE family that alters an invariant amino-acid residue in the forkhead domain. Our findings suggest that FOXP2 is involved in the developmental process that culminates in speech and language.（译文：这时我们看到FOXP2基因被CS中的易位断点直接分隔开了。此FOXP2基因编码一个公认的含有一个多聚谷氨酰胺片断和一个叉头DNA键结区域的转录因子。而且，我们识别出一个在KE家族中发病成员身上的点突变，该突变改变了叉头框中一个固定的氨基酸残基。我们的发现表明，FOXP2基因在语言能力的成长过程中是起作用的。[12]）

11 Cecilia S. L. Lai, Simon E. Fisher, Jane A. Hurst, Faraneh Vargha-Khadem, and Anthony P. Monaco, "A forkhead-domain gene is mutated in a severe speech and language disorder", Nature 413, 519-523（4 October 2001）.

12 校译者：张新亚，美国芝加哥哥伦比亚学院终身教授，声学博士。

"FOXP2"基因是目前发现的第一个与语言有关的基因，研究人员现在还不知道其他基因在语言发展中所起的作用，更不清楚基因之间的相互作用。研究人员认为，还有很多的语言基因有待探索。类似"FOXP2"这样与人类语言能力相关的基因，可能还有10个到1 000个之多，尚待继续研究。最终，我们需要懂得语言基因是如何导致脑结构的诞生，以及脑结构是如何导致语言的产生的。科学家希望能再找到更多与语言有关的基因，并且逐渐证实语言的发展与人类文明的产生息息相关。毕竟，人们不仅想了解如何产生了语言，而且还会对语言进行“好听”与“难听”、“中听”与“不中听”的心理判断。

古代中国学者则通过感知的方式试图解答声、音的起源与关系，《乐记》开篇有云：“凡音之起，由人心生也。人心之动，物使之然也。感于物而动，故形于声。声相应，故生变，变成方，谓之音。比音而乐之，及干戚羽旄，谓之乐。”千百年前的中国人虽然不曾掌握先进的科学技术，却也感知到声、音、乐这三者间层层递进的关系。他们认为音的产生，是由于人类有能够产生思想感情的心。最原始的“声”是人对外部刺激做出反应的结果，可说动物也具备这种发声的能力，而人类的不同之处在于他将无序的声抽象成了有规律的音，辅以一定的结构关系，就构成了乐。而无论是语言抑或音乐，都是人类所独有、所独创的声音媒体。

第二节　语言——抽象的声音

科学家虽然已经发现能使人类说话的基因，但是人类何时创造出语言至今还是未解之谜。也就是说，早在人类还没有产生语言时，就已经知道利用声音的高低、强弱等来表达自己的意思和情感。随着人类劳动的发展，逐渐产生了统一劳动节奏的号子和相互间传递信息的呼喊，这便是最原始的音乐雏形；当人们庆贺收获和分享劳动成果时，往往敲打石器、木器以表达喜悦、欢乐之情，这便是原始乐器的雏形，也是声音被提炼、抽象化的滥觞。

抽象是通过分析与综合的途径，运用概念在人脑中再现对象的质和本质的方法，分为质的抽象和本质的抽象。分析形成质的抽象，综合形成本质的抽象（也叫具体的抽象）。也即抽象是从众多的事物中抽取出共同的、本质性的特征，而舍弃其非本质的特征。例如敲打石器、敲打木器等，它们共同的特性就是通过敲打产生不同的声音节奏。得出声音节奏概念的过程，就是一个抽象的过程。

抽取事物的共同特征就是抽取事物的本质特征，舍弃非本质的特征。所以抽象的过程也是一个裁剪的过程。语言并不是一个成分零乱且组合简单的使用工具，而是一个由语音、词汇和语法等部分构成的符号体系。[13]

13 池昌海：《基础语言学》，杭州：浙江大学出版社，2007年，第2页。

中国古代“诗歌”，即“诗”与“歌”，即文学和音乐是紧密联系的。清人成肇麐在《唐五代词选》中总结道：

“十五国风息而乐府兴，乐府微而歌词作，其始也，皆非有一成之律以为范也。抑扬抗队之音，短修之节，运转于不自已，以蕲适歌者之吻。而终乃上跻于雅颂，下衍为文章之流别。诗余名词，盖非其朔也。唐人之诗，未能胥被管弦，而词无不可歌者。”[14]

14［清］成肇麐：《唐五代词选》，台湾：台湾商务印书馆，1970年，第3页。

现存最早的汉语诗歌总集《诗经》中的诗篇当时都是配有曲调，为人民大众口头传唱。这个传统一直延续下去，比如汉代的官方诗歌集成就叫《汉乐府》，唐诗、宋词当时也都能歌唱。甚至到了今天，也有流行音乐家为古诗谱曲演唱，如苏轼描写中秋佳节的《水调歌头》，还有李白的《静夜思》。从这些事实或史实来看，“唱”与“说”的紧密相联与难分难舍因当与人类早期提取声音节奏的抽象过程有着渊源关系。其实，更具说服力的便是人类养育孩子时所见到的那生动的一幕幕。出生后不久的婴儿会发出咿呀声和做出各种表情，但这些咿呀声和表情往往不代表某个清晰的意思或概念，很快这些婴儿便学会了用不同的声音来表达不同的诉求。这个过程像似人类学会说话的浓缩版。用所不同的是，早期人类是靠漫长的摸索与创造才将声音形成了一套丰富的语言体系和优美的声乐体系。

人类通过声音进行交流，不仅创造了说话，还创造了唱歌。说和唱的神奇在于不仅解决了交流的问题，还充分说明了人类在最大程度上对声音的领域进行了拓展，让其成为表达思想与宣泄情感的重要媒介。今天语言学家对人类语言发展研究得出：语言是人类发明的一套逐渐完成的符号系统，是从以语音为物质外壳，以语义为意义内容的，音义结合的词汇建筑材料和语法组织规律的体系，是人类保存认识成果的载体。只有人类才会把无意义的语音按照各种方式组合起来，成为有意义的语素，再把为数众多的语素按照各种方式组合成话语，用无穷变化的形式来表示变化无穷的意义。许多动物也能够发出声音来表示自己的感情或者在群体中传递信息，但是这都只是一些固定的程式，不能随机变化或组合。只有人类才能够让自己的声音充当了富有文化内容的交流媒介。

人类利用自己的声音作为交流的媒介，走过了漫长的探索与创造的阶段。比如“音位”，逐渐使它具有强大的辩义功能，靠的是微妙的音感差异和声调的高低与强弱。不同语言中有不同的音位指向。如在汉语中，不同声调代表不同的意义，是一种音位。声调在英语和法语中只表示感情，同一个词以不同声调发出意义相同，所以声调在英语和法语中不是音位。同样重音在英语中是音位，在汉语和法语中则不是。不送气的清辅音和对应的浊辅音在法语中是不同的音位，在英语和汉语中则意义相同，因而不是音位。[n]和[l]在汉语标准音中是不同的音位，在湖南方言中则相同。“四”和“十”的发音在汉语标准音中是不同的音位，在东北方言中则相同，东北人是依靠不同的声调区分“四”和“十”，因此它们的发音在东北方言中不是音位。[l]和[r]在汉语、英语、法语中都是不同的音位，在日语则相同，等等。事实证明：声音作为交流或传承的媒介，它以语言或曲调作为主要形态的话，其地域性和民族性便显而易见，不容置疑。更为重要的是，语言或曲调经由漫长的生长和演变，一旦成为“方言”或“地方曲调”扎根本土后，它们会以难以撼动的稳固性牢牢地维系着一个民族所特有的文化与文明。每个人的生命有限，而语言却有着无限的生命力，并随时光而历久弥新，日益丰富和扩展。

朝戈金（中国社会科学院民族文学研究所副所长、口头传统研究中心主任）在成立口头传统研究中心时的发言，曾引起听众的极大反响，他认为：广义的“口头传统”指口头交流的一切形式，狭义的“口头传统”特指传统社会的沟通模式和口头艺术（verbal arts）。……有以下几个原因：首先，口头传统历史悠久。就算保守地推算，人类会相对完整地表达意思，也应当不晚于旧石器时代中期——距今大约10万年。如果再把这10万年看作是1年的话，那么，人类在这一年中间，一直都在广泛地使用着“口头传统”。而文字和书写技术，是在第12个月里才出现的。比喻性地说，埃及书写传统产生在12月11日那天。一天以后，苏美尔发明象形文字。中国的表意文字、希腊的线形文字B（Linear B）等，发生在12月18日。腓尼基人的字母书写体（所有现代欧洲书写体的基础）发生在12月20日。美洲的玛雅文字出现在12月22日。中国印刷术出现在12月26日。欧洲的第一本书（古登堡印刷）出现在1445年，大约相当于12月29日。至于1867年出现的打字机，是人类在这一年的最后一天中午才发明的。一句话，口头传统历史极为悠久。要想正确、全面地认识人类信息交流技术发展史，不研究口头传统不行。

其次，口头传统内涵深厚。口头传统在三个层面上显现出它的内涵：第一，它是文化的反映和文化的创造；第二，它反映了文化内容和文化期待；第三，它满足文化需求。在历史上有不少思潮和理论，分别把口头传统看作是一个民族的“档案馆”，是民族精神的集中体现，是构成一个民族文化底色的最重要元素，也有把它看作是“文化遗留物”，或说它再现了人类的“原始知识”，甚至说它是“远古的回声”，等等。口头传统还多方面地呈现出了民族民间的诗性智慧，经久不衰、千锤百炼的传承过程，使它具有了深刻的人性内涵，动人的美好情感和优美的表达方式。

第三节　肢体语言——从手势到舞蹈

古代中国人将肢体语言视为言语之上的表达自身情绪的手段。早在西汉的《乐记》中便提道：“故歌之为言也，长言之也。说之故言之，言之不足，故长言之，长言之不足故嗟叹之，嗟叹之不足，故不知手之舞之，足之蹈之也。”[15] 无独有偶，美国舞蹈理论家约翰·马丁（John Martin）认为，舞蹈是语言或其他理性方式无法表达自身情绪的媒介。“即使是语言中最好的文字，无论是口语，还是发展成高度精确的科学术语，也无法传达旋律、姿态、色彩与形状。而诸艺术的这些以及其他因素则无需任何媒介的帮助，便可唤起一种直接的反应。”[16]

15 [西汉] 刘德：《乐记》，吉联抗译注，北京：音乐出版社，1958 年，第 54 页。

16 [美] 约翰 . 马丁：《舞蹈概论》，欧建平译，北京：文化艺术出版社，1994 年，第 1 页。

确实，人体作为肢体语言与舞蹈动作的直接媒介，不依赖第三方或抽象或具象的载体，因而能表达出生命中最本真最直接的情感。在没有文字的时代里，舞蹈还充当着传承文化与历史的功用。但在上述中外学者观点中需要注意的是，尽管语言表达有它的局限性所在，然肢体语言的表达同样如此，语言文字所能记录的细节，舞蹈或手势亦鞭长莫及。人拥有并创造了如此丰富多样的媒介，它们彼此间相辅相成，不分高低。

舞蹈与音乐相伴而生，与声音相类似，人的动作也是对外界环境的反射，而舞蹈则是对动作的抽象提炼，从而形成了象征的语汇。“一些生活中的习惯动作和劳动动作，以及富有特点和表现力的情感动作，经过若干次的反复、提炼，逐渐具有了象征性的意义，形成适合表达原始人思想情感的舞蹈语汇。”[17]“以手势和身体动作的拟态语，首先是模仿具体事物（表达的直接对象或间接对象）的特征，这是人类的一种思维抽象能力，一种表达。这种拟态语进而发展到离开模仿而变为转意的动作，而其所释放（给出）的信息内容可以被受事（接受）者（如同伴，亦非言语群体的对方）所理解，同样是以他们共同的社会生活环境（社会民俗语境）中的共同认知和共有的习俗惯制为基础的比较复杂一些的思维抽象能力的作用，是进一步表达。这些具有‘初级语言’作用的非言语交际方式，就是副语言习俗。”[18] 也就是说，手势与舞蹈虽非日常用语，不是人类主要的沟通方式，却是对言语的补充，且是极大的补充。

17 袁禾：《中国古代舞蹈史教程》，上海：上海音乐出版社，2004 年，第 9 页。

18 曲彦斌《副语言习俗 手势、情态、口哨等语言现象》，沈阳：辽宁大学出版社，1988 年，第 29 页。

在语言尚且缺乏的原始社会，舞蹈的地位就显得尤其重要。原始舞蹈起源于模仿，部落中的人们通过模仿来模拟各种需要祈祷或庆祝的场面，如战争，狩猎，丰收，祭祀，图腾崇拜，男女交往，生育繁衍等。几乎人的一生中所能遇到的任何大事，都需要通过舞蹈来进行和表现，只因这些事务关系着他们的存亡。受制于自然的原始人类比今人更加敬畏自然，人之身躯来源于天地造化，人们相信自身受到某些自然力的守护，而舞蹈就成了直接沟通人与神鬼万物的桥梁，此时期的舞蹈带有很强的功能性和功利性。在祭祀、祈祷、欢庆的过程中，原始人类释放自身情绪，表达生存欲望。

图 1–1 舞蹈纹彩陶盆（现藏于中国国家博物馆）

青海省大通县出土的舞蹈纹彩陶盆（图 1–1）为我们展现了新石器时代后期马家窑文化的舞蹈，利用器皿自身形状，表现出当时人们成组环舞的舞蹈形态。盆中所画之人五人一组，手拉手面向同一个方向，踏着统一的节奏，身上似是佩戴头饰与尾饰，随风飘起，充满韵律与动感。

通过原始舞蹈可见，舞蹈最初沟通的是人与天地神灵，或说是某些不存在的神秘之物。其中，巫师是两者间的重要媒介。“巫舞是巫术祭祀活动中的舞蹈，是原始宗教信仰的产物。……最早的巫舞，舞者不作限制。到了氏族社会，出现了专职的事神人员——巫师。巫师承担着沟通人神的使命。”[19]《说文解字》中这样定义“巫”字：“巫，祝也。女能事无形以舞降神者也。像人两袖舞形，与工同意。古者巫咸初作巫。”[20]从巫字的字形演变来看，甲骨文中的“巫”以一横一竖贯通上下左右，如同连接着天地阴阳与四方，俯视则又好似一群人围成方块舞蹈。而篆文的巫仿佛是两人相对、使用法器祭祀祈祷。无论是一群人，还是一两个人，总之舞蹈连接的是人与人心中的神灵。

中华民族的历史篇章进入夏朝后,天与人之间又多了一个“君”,宫廷雅乐随之出现。“祭祀中所用的乐舞称为雅乐。雅乐建立于周代，固定用于国家祭祀、典礼等重要场合，是宫廷礼仪的组成

19 袁禾：《中国古代舞蹈史教程》，上海：上海音乐出版社，2004 年，第 17 页。

20 [汉] 许慎：《说文解字》，天津：天津古籍出版社，1991 年，第 100 页。

图 1-2　巫字的演变

部分。”[21] 由此，在不同的场合下须奏演不同的乐舞。《周礼·春官宗伯》载：“周代的大司乐，按照祭地、享祖、祀天的不同用途来分别排定舞乐。其中跳云门舞来祭祀天神，跳咸池舞来祭祀地祇，跳大磬舞来祭祀四郊之神，跳大夏舞来祭祀山岳川谷，跳大镬舞来祭享始祖后稷的母亲姜嫄，跳大武舞来祭享死去的祖宗。”[22]

在很长一段时间里，无论是宫廷舞还是民间舞，都继承了其敬天与欢庆的色彩。“现存少数民族民间舞蹈中，有不少原始性祭祀舞蹈。例如，傣族对孔雀的崇拜和模仿，鄂伦春族对熊的模仿，汉族对龙的崇拜和模拟等，这些图腾崇拜观念都逐渐缓解在与之相关的民间民俗舞蹈之中”，[23] 而随着典章制度的完善，科学经济的发展，人与自然的距离逐渐拉远，舞蹈的功用开始渐渐退化，往纯美学与纯艺术的方向发展起来。与此同时，语言文字的进步很大程度上掩盖了过去舞蹈作为媒介的作用，这也是为什么在今天，舞蹈很少作为一种人与人之间的交流工具，而是作为一种高雅的观赏艺术存在了。

舞蹈史学家库尔特·萨科斯这样总结道：“早在石器时代，舞蹈已成为艺术产物；到了金属器时代初期，古老传说占据了舞蹈领域并把舞蹈升华至戏剧规模。但当它处于更高发展阶段时，就成为狭义的艺术。”[24] 石器时代的艺术与今天的艺术已是两种不同的概念，今天的舞蹈不再与人的生存息息相关，人类也不如原始社会那般结群而居，但彼时的舞蹈连接人、社会，以及天地万物，是比今天更加完整的艺术。正如舞蹈评论家约翰·马丁所说：“艺术已不再具有这些重要的内涵，而是与宗教和巫术一道从日常生活中分离出去，失去了它的实际功能，艺术不再为我们提供食物、住宿和安全的活动中起到主要的作用，而是被使用于那些我们可从这些活动中节省下来的时间与精力之上了。”[25]

21 袁禾：《舞蹈与传统文化》，北京：北京大学出版社，2011 年，第 67 页。

22 瞿明安，郑萍：《沟通人神 中国祭祀文化象征》，成都：四川人民出版社，2005 年，第 221 页。

23 王宁宁，江东，杜晓：《中国舞蹈史》，北京：文化艺术出版社，2012 年，第 5 页。

24 [美] 库尔特·萨科斯：《世界舞蹈史》，郭明达译，上海：上海音乐出版社，2014 年，第 4 页。

25 [美] 约翰 . 马丁：《舞蹈概论》，欧建平译，北京：文化艺术出版社，1994 年，第 3 页。

如果我们说舞蹈乃至肢体是一种媒介，那它的影响力最为强盛的时期无疑是它被广泛使用的时候。舞蹈最有魅力的瞬间也正是它与万物沟通的那一刻，跳舞的身躯不似后来的纸张与网络，是无法广泛传播的，但它居然可以与不存在的、无穷远的、人类心中敬畏的神灵交往，这是舞蹈作为媒介最神奇的地方。然而随着原始信仰的逐步退化，舞蹈的功能亦发生了诸多改变，或为宫廷雅乐之表演，或为社会交际之手段，以至于成为一门艺术。从审美与教育的角度而言，舞蹈愈发成熟完善，而要说作为媒介的功用，它却愈发弱化了。

远古至今，舞蹈作为媒介的功用从沟通天地人逐渐转变为沟通人与社会，直至沟通自我。如今的人们无法想象没有语言、没有纸张或者没有网络的世界将会怎样，而在尚未开化的洪荒中，舞蹈对于彼时之人的重要性，亦不亚于此。

第四节　刻符——留住并超越说话

除了说话与手势，呐喊与舞蹈，帮助人类自身在日常生活或劳动如记录或数数等，在文字还未发明之前，刻符发挥了重要的作用，帮助我们从中获取了早期人类的思想与心灵的表白。

到了公元前27000年时，史前人类就用图画来代表思想了。……这些壁画只是史前人类所使用的一种媒介。……人们用在树上刻标以指明路径，用堆石头表示方向或边界。在有文字以前的社会中，许多人把相似的表达深远意义的装饰性图案做在陶器、编织物、雕刻和其他简陋的日常用品上。……尽管有了这些媒介，文字出现以前的人类超越面对面传播的能力还是很有限的。没有文字和纸张，他们除了木头、树皮、兽皮或石头上的那些图画以外几乎没有跨越时间的东西。视力、听力和气象条件限制了他们远距离传播（如电讯）的能力。[26]

石器时代又被称之为前文字时代。在原始粗陋的石器文明中，

26 [美] 梅尔文·德弗勒，[美] 埃弗雷特·丹尼斯：《大众传播通论》，颜建军等译，北京：华夏出版社，1989年，第26、27页。

孕育着人类日后文字文明的基础。此时留下的生产工具、化石、武器、器皿、雕刻、吐花、装饰品，等等，是人类初始性的物质生产生活实践活动与精神生产实践活动的结晶。它们不仅十分直观地记录了当时人们的生产方式与生活行为方式,而且也包含着人类最初的心态、思维，从一个侧面体现了他们的价值观念与审美情趣。[27]

27 李世安：《世界文明史》，北京：中国发展出版社，2000年，第2页。

前文字阶段即为弥补口头语言的局限而采用的实物记事阶段。结绳作为一种实物记事手段，在我国古籍中就有记载，《易经·系辞》中说："上古结绳而治，后世圣人易之以书契。"《老子·小国寡民》中说："小国寡民……使人复结绳而用之。"后世典籍也有描写，唐李鼎祚在《周易集解》中引《九家易》描绘说："古者无文字，其有约誓之事，事大，大其绳，事小，小其绳。结之多少，随物众寡，各执以相考，亦足以相治也。"直至现代，我国的藏族普通牧民也还有使用结绳法记事的。其他民族也同样存在这样的情况。据摩洛哥学者乔治·艾弗拉哈（George Afraha）在《结绳记事》（联合国教科文组织《信史》中文版，1982 年 4 月）一文记载："即使到今天，玻利维亚和秘鲁印第安人，还在使用一种直接从'基普'演变而来的结绳方法，叫'奇普'。这种方法较之'基普'直接，但更为复杂。"文章还对这种方法作了描绘："以绳子为计算单位，上面可根据需要打结，最多打九个，打在两根相邻绳子上的结表示十位数，打在三根绳子上的结表示百位数，以此类推。"打结和解结都有专职人员负责，分布在各个城镇和乡村。

除了结绳外，还有结珠（将涂有颜色的偏圆形贝壳制成的小珠串在绳上）、刻木（在木上刻画花纹等）等方法。很显然，前文字阶段的方法较为简单，它们对简单表意和记忆有一定效果，但不能表达复杂和抽象意义，与语言单位没有任何联系。[28]

28 池昌海：《现代语言学导论》，杭州：浙江大学出版社，2007 年，第 128 页。

自红山文化发现以来，又知远古东胡琢制夷玉工艺之卓绝，其庙墓坛结合形态，具见天圆地方观念之悠远。女神形状与西亚更多类似。余尝举哈拉发（Halaf）女神肩上之号，与甲骨文巫字及周原所出白色西域人头部刻符之一致，中外远古文化交流之迹，粲然可睹，非一般想象始料所及。[29]

29 饶宗颐：《论古史的重建》，原载《饶宗颐二十世纪学术文集》卷一，台北新文丰出版公司，2003 年 10 月。

1979 年山东莒县陵阳河遗址的一座大汶口文化晚期墓葬中出土一件大陶尊（图 1–3），上刻有符号，上为圆圆的太阳，下是五个山峰相连的山脉，中间似飘浮的云气，又像是一弯新月、一簇火焰。有人说这组图像是古代的“图腾”，但多数人认为是酒神的形象。也有学者认为是表示日、月、山。它口大腹深，底部尖突。外表呈灰色，遍饰篮纹，高 59 厘米，口径 38 厘米，底径 8.5 厘米器型侈口。造型独特，器型完整，为大汶口时期莒文化陶器中罕见之物。至迟在新石器时代晚期，人们就已形成“天地、人、神”三界的世界观，落而巫师则是往来于三界之间沟通人神的使者。在巫术世界中，山和树都是通天的天梯，巫师借助天梯上天入地，上达民意下传神旨。陶尊上的刻符当有天梯的寓意，祭祀时由巫师顺天梯上天通报天神，让天神享用陶尊中的美酒，取娱于神，让神赐福于民。

图 1–3　大汶口陶尊

仰韶文化中，出土的很多陶器上刻画着具有一定规律和共性的符号。这些符号显然不是无意识留下的痕迹，考古学家认为它们与甲骨文、金文非常类似，可以说是汉字的雏形，它们对研究探讨汉字的起源具有一定的意义。

姜寨遗址位于西安市临潼区骊山北麓下，因在姜寨村而得名。遗址总面积约 5 万平方米，中心区基本完好，属新石器时代聚落遗址。姜寨遗址规模大，持续时间长。大批出土文物内涵丰富，对研究原始社会状况提供了珍贵资料，对探讨新石器时代仰韶文化的发展序列也有极高的历史文化价值。

图 1–4　姜寨遗址陶文

所发现的新石器时期的这些刻画符号（图 1–4）经专家的研究，其中一部分被认为是十进记数符号，这是人类重大的发明与创造。有学者根据考古发现将这些十进记数划分为三个发展阶段。

第一阶段，从新石器时代开始到仰韶文化前，即公元前 1 万年左右到公元前 7000 年左右。在考古中尚未发现数字实物。

图 1–5　半坡遗址出土的刻画符号

第二阶段，从仰韶文化早期到晚期，即公元前 7000 年左右到公元前 5000 年左右。此时期的陶器上有大量符号，其中夹杂着许多数字，可明确知道数字的写法。如在仰韶文化遗址中发现大量简化式数字，半坡和姜寨遗址中出土的刻画符号极具代表性。王志俊先生将半坡遗址出土陶器上的刻画符号按形状进行统计有 27 种（图 1–5）。

第三阶段，从公元前 5000 年到公元前 2000 年。数字在第二阶段的基础上，进行了组合式的改造，用笔画或类似的办法进行组合，使之变成新的、不互相混淆的数字。这些刻画符号，经过考证和研究，其意义不言而喻，它不仅作为人类的精神外化的呈现，还明显地彰显出能被感知的客观形式。它们作为数字信息的外在形式或物质载体，是人类对于数字信息表达和交流传播中不可缺少的一项基本内容。这些刻画符号的建构作用就是在对数字与数数的意义之间建立起联系，并把这种联系清晰地呈现在人的意识之中。德国哲学家、文化哲学创始人恩斯特·卡西尔（Ernst Cassirer，1874—1945）把符号理解为由特殊抽象到普遍的一种形式。“在人那里已经发展起一种分离各种关系的能力。”这种分离各种关系的能力在德国哲学家约翰·哥特弗雷德·赫尔德（Johann Gottfried Herder，1744—1803）那里，被称为“反思”，即人能够从漂浮不定的感性之流中抽取出某些固定的成分，从而把它们分离出来进行研究。我们之所以兴奋，就是因为发现我们的祖先大约在新石器时代中晚期便逐渐显露出对数字的“抽象分析能力”，发现了数字刻画符号的普遍适用性，对任何东西定量时，这些符号都能够管用。至此，中国原始人类已经掌握了一套比较完整的数字系列，为后来的十进制数学演绎打下了基础。事实证明，这个原理包括了能够适应当时及后来人类思想所能涉及的全部领域。其刻画符号意义具有的相对稳定性，充分说明那些首先发明或创造刻画符号的先人，当时做的正是在开创中国文字之先河的伟大壮举。今天，这些重要的发明被永远地载入了数学及人类文明的光辉史册，作为人类不可或缺的数理学和文字语言媒介，为人类用智慧征服和掌握万物自然规律奠定了基石。

第二章　在文字形成之际

早期人类语言及肢体表达的丰富与生动，以及完整的历史嬗变过程，其实是人类文字创造的孕育和量变的过程，也即人类文明形成的过程。由于无法保存其过程形态而使得它成为谜案，让后来的科学家、历史学家、考古学家等为之着迷深究而不敢懈怠。文明的定义是什么？文明的界标当竖立在历史的哪个时段？怎样的国家才能称之为文明古国？尽管至今还无法用精确的年份或时段来表述文明的开始，但是相对于“野蛮”，文明（开化）的概念在华夏已经使用了几千年，在世界范围的学术研究中也已经逐渐有了一些共识，尽管它是一个难以穷尽的研究课题。尤其对文明的认定，有“三要素”“四要素”甚至“五要素”之说，总体概括起来文字、生产工具及制作工艺、城邦及礼仪规制等被认为是界定人类是否进入文明时期的关键因素。李学勤在《中国古代文明研究》中，综述而概要性地将这个问题予以了诠释：

从考古学上来看，中国文明的因素，多是在公元前3000年左右开始，这是根据目前在考古学、历史学界流行的一些理论学说来说的。在20世纪60年代的后期，在国际上曾经有讨论文明起源、国家起源问题的一个热潮。今天，关于古代文明问题常常要讨论有几个文明因素，也就是说衡量文明起源的标准。比如说我们发现一个考古文化，怎么看它是属于文明，或者不是文明？它是一个文明的社会？还是一个原始的非文明的社会？现在在历史学、考古学上流行的有几个标准：第一个标准是说在这个时代应该有城市，而不是一般的简单的聚落。人类社会很早就出现了聚落，因为人是群居的，就会形成一些聚落。这些聚落有时候只是原始的农村或者是游牧人的聚居地，它还不是城市。城市不一定有城墙，可是要有一定的规模。在目前一般认为居民要达到 5 000 人左右，才能算作城市。第二，应该有文字。文字恐怕是衡量古代文明的最重要的标准，虽然不是绝对的，但是最主要的标准，没有文字很难说是文明社会。第三，外国的学者常常提到一个说法，要有大型的礼仪性的建筑。就是说这个建筑物不是为了一般的使用，而是为礼仪性的目的来建筑的，而且规模不能小。宫殿就是这样的一种建筑，因为它不是为了一般的居住，而是为了统治者举行一定的仪式来使用的。宗庙也是，宗庙是为了神、祖先来居住使用的，是祭祀行礼之地，所以也是一种礼仪性建筑。还有比如说埃及的金字塔。它是一种大墓，美洲的金字塔则是一种举行宗教仪式的神坛。这些特殊的建筑物反映了社会的分层和等级的出现。西方的学者对于古代文明研究一般流行着这三个标准，而中国和日本的学者常常还要强调一个标准，就是冶金术，即有金属器的存在。古代的金属最早的主要就是铜，铜器的出现。[1]

1 李学勤著，《中国古代文明研究》，华东师范大学出版社，2004 年 11 月，第 10 页。

德国学者卡尔·西奥多·雅斯贝斯（Karl Theodor Jaspers）在他的《历史的起源与目标》（*The Origin and Goal of History*）一书中提出了“轴心时代理论”，继而引发了“文明动力学”以及“第二轴心时代”的大讨论。他认为中国、印度和西方是世界上同时迎来“轴心时代”的三个互不知晓的核心区域。

这个时代的新特点是，世界上所有三个地区的人类全都开始意识到整体的存在、自身和自身的限度，人类体验到世界的恐怖和自身的软弱。他探询根本性的问题。面对空无，他力求解放和拯救。过在意识上认识自己的限度，他为自己树立了最高目标。他在自我的深奥和超然存在的光辉中感受绝对。

这一切皆由反思产生。意识再次意识到自身，思想成为它自己的对象。人们试图通过交流思想、理智和感受而说服别人，与此同时就产生了精神冲突。人们尝试了各种最矛盾的可能性，讨论，派别的形成，以及精神王国分裂为仍互相保持关系的对立面，造成了濒临精神混乱边缘的不宁和运动。

这个时代产生了直至今天仍是我们思考范围的基本范畴，创立了人类仍赖以存活的世界宗教之源端。无论在何种意义上，人类都已迈出了走向普遍性的步伐。[2]

2 雅斯贝斯 . 历史的起源与目标 [M]. 魏楚雄，俞新天译，华夏出版社，1989.

"轴心时代"又被称之为"轴心期"（Axial Period），雅斯贝斯认为：

这个轴心要位于对于人性的形成最卓有成效的历史之点。自它以后，历史产生了人类所能达到的一切。它的特征即使在经验上不必是无可辩驳和明显确凿的，也必须是能使人领悟和信服的，以便引出一个为所有民族——不计特殊的宗教信条，包栝西方人、亚洲人和地球上一切人——进行历史自我理解的共同框架。看来要在公元前 500 年左右的时期内和在公元前 800 年至公元前 200 年的精神过程中，找到这个历史轴心。正是在那里，我们同最深刻的历史分界线相遇，我们今天所了解的人开始出现。我们可以把它简称为"轴心期"。[3]

3 雅斯贝斯著；魏楚雄，俞新天译，《历史的起源与目标》，华夏出版社，1989 年 6 月，第 8–9 页。

雅斯贝斯还对"什么事件开创了历史？作了以下阐释：

我们询问：历史以什么实质性事件而开始？或许下列事件是最基本的：

（1）尼罗河、幼发拉底河、底格里斯河和黄河的河流管理及灌溉的组织任务加强了集中、行政机构和国家的形成。

（2）文字的发明是这种组织的必要前提。苏美尔人（据赫罗兹尼 Hrozny，1879—1952，捷克考古学家和语言学家，曾破译象形文字赫梯语。）在公元前 3300 年左右创造了文字，在埃及是公元前 3000 年左右，在中国是公元前 2000 年左右（腓尼基人在公元前1000年才发明了字母文字）。在这方面，依然存在这样的问题，即文字发明是否可以追溯到同一起源（苏美尔人），或者是否是在几个地方独立地发生。文字对管理是必不可少的，这使掌笔杆子的人获得了社会统治地位，他们形成了知识贵族。

（3）各民族的产生。每个民族觉得自己是一个统一体，这个统一体具有共同的语言、文化和神话形体。

（4）后来是从美索不达米亚开始的世界帝国。通过统治所有周围国家和统治游牧民族本身来防止游牧民族对文明国家的不断袭击，是产生世界帝国的起因。最先崛起的是亚述人和埃及人的世界帝国，接着是波斯人新形态的帝国；在这之后，印度人建立了他们的帝国，它或许以波斯帝国为模式，最后是华夏帝国的形成。

（5）在这些文明已经发展之后，作为它们转变的一个因素，马开始被用于牵引战车或者当乘骑。马使人不受土地的束缚，赐予人以空间和自由。马用新颖优良的作战技术把人装备起来，并带给人一种统治的精神，那是与对马的驯服和控制、骑手和征服者的勇气以及对动物之美的情感紧密联系在一起的。

这些开创历史的事件继续导致更深的问题：当人类从非历史性进入历史时，他发生了什么变化？导致历史的人类生命的特殊因素是什么？同史前相比，历史过程及基本特征是什么？我们希望从人类生命的内核中取得答案。这不是外部事变，而是我们想要了解的人的内部转变。[4]

4 雅斯贝斯著；魏楚雄，俞新天译，《历史的起源与目标》，华夏出版社，1989年6月，第7–8页。

如上所述，虽然文字已是作为判断人类文明不可置疑的依据或因素之一，但“在中国是在公元前2000年左右发明了文字”这句话，更准确的应当这样说：“在中国至迟是在公元前2000年左右发明了文字。”因为，中国字的雏形并非现代文字意义上的呈现形态，而是现代图画意义上的呈现形态。被中国以外的人类称之为“方块字”的中国字，从一开始就有了图画的性质，以图表意，看图解意。更为重要的是，这些逐渐被发现的图画，有的被归纳到“符号”体系中，以解读它们特有的意思，有的被归类到“结绳记事”类别中，以说明它们的特别功能，甚或还可以被归为是哲学思想的经典之作的源头之本，即传说中的《河图》与《洛书》，从中我们读到了史前人类的所想所为。这些精彩故事并非简单地传递信息，而是创造了某个神话，树立了某种观念，足以证实华夏人类在迈向文明过程中精神化质变的事实与过程。

在对于人类何时进入文明的判断上，所有的观点尽管还存有差异，但对于作为人类自我意识的物质载体，也即语言符号之一的文字以及它是人类文明的重要组成部分的看法却是肯定的。人类的思想和意识离开了语言的表达就无法交流，一种活动的本质特征是由其中介决定的，意识活动的本质特征则是由语言符号这一中介决定的。狭义的语言，特别是文字，逐渐成为最为发达和重要的语言媒介。它能够帮助人类将自己主观的心理活动转化为规范化、普遍化和客观化的载体，成为可操作、可交流的工具，将人类智慧变成可以积累起来并传承下去的文化遗产，并且，在此基础之上发扬光大，生发再创造。

第一节　字画共源

中国的文字以她独特的方式传承并延续了中国古老的文明与文化，证明了中国是唯一一个没有被中断历史的国家。不仅仅如此，中国文字所经历的衍变，每一个字符在不同历史时期中所具有的形态，都被牢牢地烙下了该时期的印记，成为我们探索人类思想与文明的有效窗口。

很有意思的是，华夏人类是从摹写或摹画中开始造字的活动。图画二字，“图”是动词，“画”是名词。“近者诸身，远者诸物”的造字规律揭示了书写文字与图画的共源关系，意思是说，当时造字的原则就是将大家都曾看到过的东西按照原有样子画下来供大家辨认。但是，辨认某个事物并非是终极目标，而通过辨认某

图 2–1　象形字

个事物了解或表达人与该事物的关系为最终目的。因此，就我们能够见到的最初的那些图画或图文，对于较为简单的画面，辨认“这是什么”似乎还容易些。但对于稍显复杂的画面，要辨认出“这是什么，与人之间发生了什么”就不那么容易了。如果摆在你面前的是更为复杂的图案或图像，要辨认出“这是在讲述什么故事”，那就更加难了，没有深入的研究，恐怕很难找到有说服力的答案。所以，早期的以图造字并非只是将实物一一对应图而画之，同样经历了当时人类从所见到所想，再将所想到所说（告知）的创造文字与表达思想的过程。

例如：山[5]、石[6]、蛇[7]、生[8]、田[9]、玉[10]（图 2–1）。

以上列举的这些字均为象形字的代表，直白地告诉了我们“这是什么”。

例如：安[11]、宝[12]、保[13]、北[14]、比[15]、宾[16]（图 2–2）。

以上列举的这些字均为会意字的代表，通过告诉我们“这是什么，与人之间发生了什么”以此达到传递信息或意图的目的。这些字因此就有了至少两个及以上形象的组合，用以帮助阐释不同形象之间的关系，达到会意的目的。这里所指的“会意”，主要是通过视觉来看懂它们，领会它们所表达的意思。

除了通过视觉之外，模拟某种声音去说话，再将声音转化成视觉符号，也是古人造字的重要手段之一。在中国的小学语文教材中，揭示什么是“形声字”，即一部分与字义发生联系，一部分与字音发生联系，这样的字就是“形声字”。例如“虾、烤、裳、吐、杆、氨、理、忘”等字。形声字中与字义发生联系的偏旁叫

5 顾建平著，《汉字通（中英双语版）》，上海：东方出版中心，2014 年，第 565 页。
6 顾建平著，《汉字通（中英双语版）》，上海：东方出版中心，2014 年，第 584 页。
7 顾建平著，《汉字通（中英双语版）》，上海：东方出版中心，2014 年，第 573 页。
8 顾建平著，《汉字通（中英双语版）》，上海：东方出版中心，2014 年，第 579 页。
9 顾建平著，《汉字通（中英双语版）》，上海：东方出版中心，2014 年，第 643 页。
10 顾建平著，《汉字通（中英双语版）》，上海：东方出版中心，2014 年，第 800 页。
11 顾建平著，《汉字通（中英双语版）》，上海：东方出版中心，2014 年，第 4 页。
12 顾建平著，《汉字通（中英双语版）》，上海：东方出版中心，2014 年，第 24 页。
13 顾建平著，《汉字通（中英双语版）》，上海：东方出版中心，2014 年，第 24 页。
14 顾建平著，《汉字通（中英双语版）》，上海：东方出版中心，2014 年，第 27 页。
15 顾建平著，《汉字通（中英双语版）》，上海：东方出版中心，2014 年，第 33 页。
16 顾建平著，《汉字通（中英双语版）》，上海：东方出版中心，2014 年，第 43 页。

图 2–2　会意字

形旁，前面例字中的偏旁“虫、火、衣、口、木、气、王（玉）、心”就是形旁；与字音发生联系的偏旁叫声旁，如例字中的偏旁“下、考、尚、土、干、安、里、亡”就是声旁。形声字就是由表示字意的形旁和表示字音的声旁构成的汉字。一个形旁或声旁可以同多个汉字发生联系，充当多个汉字的偏旁，这样既提高了偏旁（许多同时又是字）的使用率，使得汉字更加系统化，又便于使用者迅速领会字义，掌握字音，正确运用。例如用“鸟”作形旁的汉字，意义都同鸟有关，如“鹏、鹏、鹈、鹃、鹂、鹧、鸪”等字；用“胡”作声旁的字，读音都同“胡”相同，如“糊、瑚、湖、蝴、葫、猢、煳、鹕”等字。同象形字、指事字、会意字相比较，形声字的优点是显而易见的，它可以因形见意，据形知音，把文字的表意和表音两种功能有机地融合为一体，记录语言更具科学性、合理性，既适应了汉语分化同音字、同音词的需要，也适应了汉语方言分歧、语音差别大的状况。所以，形声字一出现，就得到了迅速发展。甲骨文中，形声字所占的比例还非常少，金文中则呈现出发展趋势，到了汉代，形声字已成为汉字系统里的主流。据统计，东汉许慎编纂的《说文解字》收录汉字 9 353 个，其中的形声字就占了 82%；南宋郑樵对 23 000 多个汉字进行了统计分析，形声字占 90%。现代 7 000 个通用汉字中，形声字也占 80% 以上。由上面的统计可见，现代汉字系统以形声字为主。这众多的形声字，都是由数量有限的形旁和声旁组合而成的。据有关资料统计，构成现代形声字的形旁约有 250 个，声旁约有 1 300 个。这些形旁、声旁互相配合，就构成了汉字的形声字系统。从形声字的发展过程不难看出，

图 2-3　良渚文化玉琮兽面纹（神徽）

在造字的最初阶段，将声音转化为视觉语言即符号或字，在这里指的是不同于将看到的东西转换成某种图纹，而是指将听到声音进行二次转化的创造过程。第一次是将听到的声音模拟成为说的语言，第二次是在说的语言（声音）的基础上再将该语言（声音）转化成视觉语言即字。因此，形声字创造的难度比象形字、指事字、会意字要大得多，创造发展的时间也更长，至商代才有了质的突破，所发挥的功能也就日显强大。更富有戏剧性的是，形声字经历了艰难的二次创造性转型之后还是将本体落在了“图画”上面。

图画或画图的造字创造，远不止这些，更为复杂的图案或图像被我们一一发现。人们往往要做这样的研究，即要辨认出“这是在讲述什么故事”。也就是说，此时的图画已经远远超越了某个字的概念，俨然已是一则神话，向我们描述一个故事，昭示一种思想或世界观。例如良渚文化玉器上的这枚“神徽”图案（图 2-3）。该图讲述了一个天地人之间互动的故事：是关于北斗七星化为龙身降到人间将猪送给人类的故事。这个故事在历代典籍中均有记载。笔者在拙著《良渚原始审美文化研究》[17] 中也曾详细论述过。中国自古对苍穹有“盖天说”的描述。古人认为天盖像一张弓，“神徽”图案中斗形脸顶着酷似弓形的帽子恰是这是“盖天说”的图形。弓的中心标矢指向北极星，北极星被认为是北极星神。斗形的脸示意为北斗七星，身上的云纹和一双鸟足表示北斗七星像神

17 王荔著，《良渚原始审美文化研究》，同济大学出版社，2008 年 10 月。

鸟一样翱翔着从天而降。双手驾驭着猪，将猪送到人间。古人对于北斗星的崇拜，比良渚文化更早的河姆渡文化也证实了这一点，该遗址出土的木制北斗就像是一把勺子，勺子与斗与“吃”或“粮食”有着密切的关系，而粮食的收成与天即气候又有着密切的关系。这就是中国流传于民间的“民以食为天”这句话的意思。但是，“民以食为天”虽然含有“靠天吃饭”的意思，但也包含了要“懂天”或“顺天意”的内涵。中国有句古老的农谚：“看北斗知时节”，便是反映了古老的“物候”观念与“时空”观念，这种观念并且直接影响着人们宇宙观的形成。我们的祖先已经认识到天与地之间是互为作用、互为影响的，人要顺其自然，天人合一，万物才能和谐兴旺地生长。北斗星的旋转是对应大地交互旋转，也即“阴阳合抱”，所以才会“万物生长也”。从观察北斗七星的运转现象中，我们的祖先学会了辨别东南西北四个方向及四个方向之间的四个夹角维度方向，同时也逐渐掌握了一年四季有规律性的变化，中国人类以农耕文明拓展向前的历史因此有了不断的、阶段性的质的飞跃。从神（鸟）人合一到天人合一的聚合性的追求，显露出富有想象力的原始意识的特征。所反映出来的原始神话宇宙观，虽还不是人类真正意义上的哲学思想，但它却逐步形成了培养中国传统哲学思想的土壤，对后来东方人“天人合一”哲学思想的发展产生了不可估量的历史影响，也为中国人“究天人之际，穷古今之变”的思维方式起到了开源导流的历史作用，为中国人世界观和宇宙观的形成铸就了最初的模式。具有强烈表征的良渚文化玉器，在其物化和固化的形态之中，凝结着古人鲜明的审美取向和宏大的天学思想。谁曾想到，中国传统的文化构架，除了陶器、木器、石器等作为铺垫和基础，竟是石之美者——玉成了这构架中的立柱，支撑起一片文明的大厦。

我们从图像的背后，看到了先进的琢玉工艺背后的社会分工。良渚社会若还没有进入生产活动已有明确分工的时期，不可能有如此多的数量和如此高的质量的玉器出现。这帮助我们证实了良渚社会形态的一个重要方面，即社会已有明确的分工和玉的加工目的。原始宗教性的祭祀活动已是当时社会极为重要的主要活动。玉器是当时社会活动中主要也是重要的礼器，是当时社会主导思想的物化代表器物。“良渚人”所关注的人生问题和社会生产（农业生产）问题，通过由他们自己建立起来的社会供需系统予以解决。社会分工已造就出一些颇具才华的艺术工匠，他们的劳动明显受到首领或巫师的肯定，“神徽”图像及玉琮、玉璧、玉钺等，也明显地被蒙上了一层神奇而又神圣的光环，是良渚文化时期社会意识形态的一个缩影。从玉器制作及图像设计中，我们能判定当时先进的琢玉工艺技术是帮助“良渚人”实现其大胆想象和创造的重要前提。游丝般的图纹细刻，为思想表达提供了极大的空间。当时虽还没有形成文字，但图像的功能已向文字过渡，图像中的情节性描述已显露出端倪。社会与历史发展到今天，我们才获得机会目睹这些远古的图像，才真正地意识到这些图像的不可多得。图形曾为人类认识世界做出了极大的贡献，可当我们在认识到这一点的同时，又往往会忽视图形与思维之间重要的本质关系。人们现在可能会更重视概念思维与理性思维，而认为图形思维与意象思维是低层次思维的反映。恰是将这种将图形与思维活动对立起来的认识，阻碍了人们完全可以通过图像研究而获得对人类思维发展轨迹的了解，甚至轻视和离开现有的图像去谈论人类文化，让研究满足于一纸空洞的“理性分析”。

所以，我们可以将良渚文化玉器上的这枚“神徽”图案看作为早期人类祖先对于天地之间变化规律的认识的图形模式。

第二节　表意图像的延续

在文字形成之际，人类活动的整个环境立即变得跟史前大不相同。它不再是一个沉寂的世界，人们开始用图文相互对话与交流，并且开发和利用媒介或载体将重要的文件或文章、示意或表达刻

图 2-4　利簋（现藏于中国国家博物馆）

画其上以为流芳千古。除了石之美者玉器之外，他们还利用青铜器、建筑物、生产工具、画像砖、石碑等表意抒情。尽管其中隐藏的含义我们并非全都熟悉，然而其表现形式却耐人寻味，足以引发我们对辨识它们的兴趣。一旦这些含义被我们破译，就像是古人开口与我们对话一样。

继甲骨文之后，甚或同时，金文出现了。商周是青铜器的时代，青铜器的礼器以鼎为代表，乐器以钟为代表，“钟鼎”是青铜器的代名词。中国在夏代就开始了铜的冶炼和铜器的制造。因为周朝把铜也叫金，所以铜器上的铭文就叫作“金文”或“吉金文字”；又因为这类铜器以钟鼎上的字数最多，所以过去又叫作“钟鼎文”。

商代的金文书法是在甲骨文的基础上产生的。周灭商以后，商王朝铸造青铜器的工匠相继归周。周人继承了商人的金文书法，使之发展成具有独特风格的金文书法艺术。西周早期的金文从书体和书法风格颇显清秀隽美，笔道首尾出锋，有明显的波磔，结构严谨，行款章法自如。其前期的作品风格质朴平实，多挺拔的悬针笔法，仍带有甲骨文的影响。如武王时的利簋（图 2-4）和天亡簋（或称大丰簋），字体平易古朴，笔画方圆兼备，具有凝练平直之气。利簋仅用短短 32 字就记述了武王克商的重大历史事件，因而被称为武王克商簋，是迄今所见西周最早一件铸铭铜器，开创了西周金文书法的先例。后期的风格凝重雄放，已显出金文的独特艺术。

金文是研究商、西周、春秋、战国文字的主要资料，也是研究先秦历史的最珍贵的资料。在“夏商周断代工程”项目研究中“以西周青铜器中铭文可供西周历谱研究者为主，就其形制、纹饰作考古学的分期断代研究，为改进西周历谱研究提供比较可靠的依据”[18]。什么是“夏商周断代工程”？我想在这里可以用比较简单的话来概括一下，“夏商周断代工程”就是用自然科学和人文社会科学相结合的方式，多学科交叉，来研究中国历史上夏、商、周这三个朝代的年代学问题。大家知道夏、商、周是中国古代三个重要的朝代，当然它距今时间比刚才说的五千年的黄帝时代要晚些，可是这是中国古代文明最繁荣、最发达的时代。研究它的年代学问题，就是要对这个时代的古代文明和历史给出一个时间上的尺度，就是说这些朝代从什么时候到什么时候，要给一个科学的证明。[19]

18 李学勤著，《中国古代文明研究》，华东师范大学出版社，2004年11月，第42页。

19 李学勤著，《中国古代文明研究》，华东师范大学出版社，2004年11月，第4–5页。

金文的内容是关于当时祀典、赐命、诏书、征战、围猎、盟约等活动或事件的记录，都反映了当时的社会生活。金文字体古朴浑重，与青铜器器身相得益彰，留下了沉甸甸的时代烙印。金文基本上属于籀篆体。周宣王时铸成的《毛公鼎》上的金文很具有代表性（图2–5），其铭文共32行，497字，是出土的青铜器铭文最长者。《毛公鼎》铭文的字体结构严整，瘦劲流畅，布局不弛不急，行止得当，是金文作品中的佼佼者。

金文的出现促进了后来以金文笔意创作的书法传承。西周时期的金文当是一种较为成熟切颇具特色的书法艺术种类，向来为历史学家、艺术史家及考古学家所重视。金文的书体，一般称为大篆或籀书，也有称为古籀的。籀是周宣王时的史官，籀书即为他所写的字书。青铜器铭文是按照墨书的原本先刻出铭文模型的陶范，再翻范铸造出来的。由于商周时期已有很精湛的青铜铸造技

图 2–5 《毛公鼎》及其铭文（现藏于台北故宫博物院）

术，所以翻铸的金文一般都能够在相当程度上呈现出墨书的笔意。因此，商周的金文实际上是一种墨书的书法艺术。从书学史的角度它改写了书法艺术从隶、楷书始和魏晋南北朝以后才有的认识，将中国书法艺术的历史推溯至殷商时期。

青铜器在当时作为国家的重器，其铸刻其上的金文起到了将某个事件彪炳千秋的功能之外，其外表的图纹及造型都足以让人过目不忘，留下无比深刻的历史印象。“饕餮纹”已经成为青铜器纹样的代名词。商周两代的饕餮纹类型很多，有的像龙、像虎、像牛、像羊、像鹿；还有的像鸟、像凤、像人。饕餮纹这一称谓由宋人而起，在宋代的《宣和博古图》中提及。饕餮，为传说中的一种贪食的恶兽，也比喻贪婪凶恶的人。但实际上青铜纹样在当时究竟处于什么样的考虑而逐渐形成这种风格模式，历代就有许多人对此进行过研究。笔者在拙著《良渚原始审美文化研究》第六章“良渚原始审美文化的传播与发展”中专门论述了良渚文化“神徽”与饕餮纹、傩面之间的传承关系。作为良渚文化代表器物的玉琮，在良渚文化时期的传播中已起到重要的作用。无论它的形式发生何种变化，其本质即是在人们思想中的某种信仰或观念，也即非物质形态层面的精神文化，它已被广泛地传承和保留下来，成为中华文明进程中的潜在动力。可以这样说，良渚文化“神徽”的图像在历史的发展与传播中已成为一种相对稳定的“观念图像”与口口相传的故事。当它后来遇到人类发明的青铜器时，当仁不让地便成了青铜器的主题纹样。万变不离其宗，人们敬仰、崇拜、祭祀的是心中永远挥之不去的这个神的意志的形象。正因为良渚文化传播的广泛性与普遍性，反而使我们很难再找到它原生态的存在模式。就像现在的汉民族，人数占有比例最大，但很难找到相对应的民族源，就因为它是民族之间交融同化最为广泛的再生民族。从石器到玉器，从玉器到青铜器，再到自古流传至今的傩舞傩面，这个“观念图像”始终是主角，尽管它有各种不同的形式和面貌，但源头却是同一本生。这也正是艺术史研究中所要寻找的那个原创的艺术形象，它可以是无形的，也可以是各种不同的形态的，但它却在历史的演变中表现出强大的生命活力，维系着青铜与美玉所持有的共有功能与共性。因为良渚文化的玉首先将东方人建立起来的“观念图像”表现了出来，由它再传承给青铜这个载体，使青铜器有了超越一般器物的意义而成为国之重器或神权的象征。这个被称之为“神徽”的“观念图像”，让我们有必要将某些物质形态的器物作重新排序。如果从艺术史研究的角度，或者从精神财富与文明的角度去寻找可以支撑说明人类社会发展是在何种思想制度及体制下运行的重要资料的话，那么，作为礼器、祭祀器或国之重器，玉器和青铜器就不应只被认作为是一般的生活用品或装饰品，傩舞或傩面也不能被只是认作为一般的民间娱乐活动或道具。因为我们所考察的社会生产，并不是只考察生产什么，而是更需要探索在怎样的知识技能状态下的劳动者，组成什么样的序列来进行生产。假如我们承认，人本质上是意识形态的动物，意识活动是人与动物的本质区别，那么意识形态的产物——精神产品应是人类从事社会活动更为重要的工具。玉器与青铜器以其明显的物质状态不仅呈现了当时时代的基本物质生产与生活的特征，它们身上的“观念图像”还包含了许多人类的精神信息，成为我们有效探索早期人类观念形态的窗口。是否可以这样说确：良渚文化“神徽”、青铜饕餮与传世至今的傩舞、傩面，是早期华夏民族信仰文化的系统图标，它们反映出良渚文化作为强势文化影响着华夏文化演变的过程。进一步证实了史前强势文化的特点，主要是反映在文化的象征系统上，因为只有有权力的皇族或贵族才有可能比较集中地掌握或获取像玉或青铜这样的财富，并给它们赋予新的象征体系来稳定其权力和地位。“观念图像”的出现，说明玉和青铜不只是珍贵的矿物材料，主要在于它们是拥有权力与地位的不朽象征，“观念图像”的延续，证明了人的思想在延续。因此，良渚文化的“神徽”图像、青铜饕餮纹、傩舞傩面并非是偶然相似的三样东西，而是有着本质联系，延续在东方时空中的生命象征，是人类生命活动的抽象表现遗存，也是先人留给我们的重要文化遗产。

此外，从傩舞的表演动作中，似乎还能体验到当时巫师作法的行为。况且，傩舞的表现形式，有的被带入民族日常的节日祭祀活动中，或成为某个民族所保留的一种祭祀习俗行为。这种世代承传式的祭祀行为，会不会也保留了良渚文化的遗风呢，这也不是没有可能性的。

第三节　表意图像的多维拓展

中国迄今发现最古老的雕塑可以追溯到公元前6500年至公元前1600年，属新石器时代氏族公社繁盛阶段的遗物。这些雕塑品对探讨原始社会发展进程、研究早期人类造型与意识的关系有着重要意义。前面提到的平面书写与刻画，除了帮助记忆、表意之外，更为重要的是为人类的思想交流创造了条件，人类表达的方式还是基本停留在线性叙说的层面。但是，对事物的三维模拟与空间概念，

图 2-6　凌家滩玉人（现藏于安徽省文物考古研究所）

很快在文字发明之际被迅速地建立起来。可以想象古人对于人的生与死，也即生前所做重要活动的意义，死后还必须继续要去做的那些事情都进行了思考，并将这些思考用模拟的手法塑造成象征物，一是用来记录自己的重要活动或行为，二是用来表示将要兑现自己的承诺与期许。所以，我们会在古人的墓葬中发现这些神奇的雕塑件，它们便是当时人类自身或使用的生活资料及生产工具、祭祀礼器的象征物。随着社会阶层的分化，有地位和权势者，或者巫师和拥有某种威望者都会在死后的墓葬里埋入各类象征物，其中就包括了我们现在讨论的雕塑品或随葬明器。

在文字发明的前后，雕塑的造型比较多的是依附整体器物上的饰物，均为粗略的，夸张式的，具有极强的装饰性。其中最具代表性的当属安徽省含山县铜闸镇凌家滩村新石器时代聚落遗址出土的六个经琢刻而成的玉人像（图 2-6）。它们高 8.1 厘米，肩宽 2.3 厘米，厚 0.5 厘米，表面抛光。背后是高颈脖服饰和对钻的隧孔。

玉人的出土，让我们首次看到了当时人类对自己的刻画与造型，直观地看到了当时凌家滩的“社会人”及他们的扮相。他们长方脸、浓眉大眼、双眼皮、蒜头鼻、大耳、大嘴，其体形和五官表现出蒙古人种所特有的特征，头上戴的圆冠和腰部饰有斜条纹

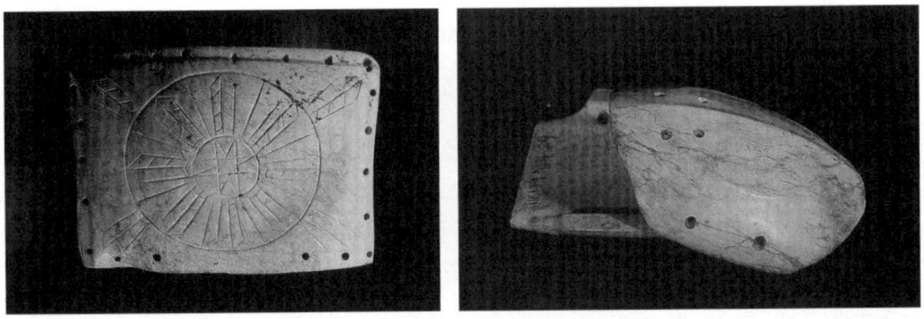

图 2–7 凌家滩玉龟（现藏于安徽省文物考古研究所）

的腰带表明当时人类完全有可能已有了很发达的纺织技术，玉人上唇留有八字胡，说明当时已有了剃须工具，玉人的出现表明社会由原先对动物和自然的崇拜已转向了对人的崇拜，表明社会观念已经转向对人自身及自身行为的关注。玉人的出土，完全改变了我们对新石器中晚期人类的看法，过去存于我们脑海中远古人类“茹毛饮血”的印象此刻已荡然无存。相反，在我们眼前却出现了另一种景象：他们两臂弯曲，五指张开放在胸前，臂上饰满了玉环，他们生活富裕、物质丰厚，衣着佩饰已非常讲究，思考的是如何顺应天地，天人合一。向往的是如何过上风调雨顺，人丁兴旺的日子，当时的人类完全具备了积极创造精神生活的条件。

安徽含山县凌家遗址出土的另一件神物是凌家滩玉龟（图 2–7），长 9.4 厘米，高 4.6 厘米，宽 7.5 厘米厚 0.3~0.6 厘米。玉龟是一件圆雕品，龟背甲和腹甲两部分。背甲呈圆弧形，背上有脊和龟纹，两边各对钻两圆孔，两孔之间雕刻凹槽，背甲尾部对钻四个圆孔。腹甲中部较平，两边侧略弧。腹甲的两侧与背甲钻对应处也对钻两圆孔，腹甲尾部对钻一圆孔，这些上下对应的孔应是栓绳固定之用。出土时长方形刻纹玉片夹龟腹背甲之间。玉片长 11 厘米，宽 8.2 厘米，上面刻有八角星纹。玉片夹放于龟甲里面，和文献所说“元龟衔符”（《黄帝出军诀》）、“元龟负书叩”（《尚书中侯》）、“大龟负配”（《龙龟河图》）若出一辙，是震惊学界的“龟负洛书”。它的出上，同样证实了当时人类思考的是如何顺应天地，天人合一的问题，这是人类至今还在思考的终极命题。《河图》与《洛书》被认为是中国人类最早的启蒙读物，它们经后来的周（朝）人修订成为六大经典之一《易经》，也称《周易》。《易经》最早将“文”和“化”联系起来使用：“观乎天文，以察时变。观乎人文，以化成天下。”《易经》的内容由“经”与“传”两部分构成。“经”又分为卦、卦辞和爻辞三部分。卦是用来象征宇宙万物运动变化图式的一套符号系统。它由阴爻（--）和阳爻（—）两个基本符号相互配合而构成。阴、阳两爻的归纳，是一个重大的创造，它们反映了世界万物对立统一的关系，不妨视为天地万物的基因，它们的相互作用，造成了整个宇宙、人间的“运行不息，变化无穷”。说到此时，当我们再次回过头去看这枚凌家滩出土的玉龟时，不难体会到人类针对自然界创造了物质文化，针对社会创造了制度文化，而针对人自身创造了精神文化的智慧。

古人用玉材作为媒介雕塑成象征物，在当时应当说也是非常奢侈的。这完全是人的精神使然和思想重视所成就的。当然，这也给后人做出了榜样，留下了无价的文化遗产。纵观历史，虽然陵墓仪卫性雕塑从发展到萎缩经历了起伏，但墓葬文化的宏大与丰厚的确令人感叹不尽。

公元前1600年至公元前221年，商周雕塑中，青铜器代表了商周雕塑的最高艺术水平。此时的青铜作品多施以夸张、变形、奇特的饕餮纹饰，渲染出威严神秘、不可动摇的商朝贵族王权与神权的气氛。后母戊鼎（一称司母戊鼎）就是此期间最著名的作品之一（图2–8）。

图2–8　后母戊鼎（现藏于中国国家博物馆）

图 2-9　秦始皇兵马俑（现藏于秦始皇帝陵博物院）

公元前 221 年至公元前 206 年，秦代雕塑则在建筑装饰雕塑、青铜纪念雕塑、墓葬明器雕塑等方面，都取得了划时代的辉煌成就。秦始皇陵出土的兵马俑（图 2-9）写实逼真、朴实厚重、庞大强壮，气魄宏大，体现出那个时代所追求的高大、雄健超常的审美风尚。

汉代雕塑在继承秦代恢宏庄重的基础上，开始从地下墓葬形式的雕塑发展到地上的陵墓的地表雕塑。汉朝骠骑将军霍去病墓石刻（图 2-10）就是留存至今的一组非常具有代表性的大型石雕作品。在形式上突出了石雕作品的雄浑之势和整体群雕之美。

公元前 8 世纪到公元前 4 世纪，意大利半岛被埃特鲁斯坎人

图 2-10　霍去病墓石刻

所统治，形成了历史上所称的埃特鲁尼亚文化。埃特鲁尼亚文化后来被其征服者罗马人所继承，成为罗马文化的基础。埃特鲁尼亚美术作品中，青铜雕像《母狼》（图 2-11）就是其中最著名的作品。这尊青铜雕塑虽然只有 85 厘米高，却成了罗马这个城市来源的记忆和罗马城的城徽。原因是因为《母狼》取材于罗马建城的传说代代相传，深入人心。母狼整体的神情是警觉而威严的，似乎正是罗马人坚毅冷峻的民族性格的象征。16 世纪时，有人又在狼的腹部下制作了两个婴儿的雕像，更完整得表达了罗马建城的传说。

《母狼》故事梗概：

著名的特洛伊战争结束后，特洛伊王子逃到意大利半岛，建立了阿尔巴城，世代相传。后来，一个名叫努米托耳的国王被其弟阿木留斯推翻，国王儿子被杀，他的女儿为战神所爱，生下一对双胞胎罗穆路和瑞穆斯，却被阿木留斯放入篮子中丢入台伯河；这对兄弟后来被一只母狼发现并收留抚养，不久，被牧人发现收养；他们长大以后，杀死仇人，救出外祖父，创建了新的城市；后来罗穆路杀死了瑞穆斯，并以自己的名字命名这座城市为罗马。

以狼的形象说明罗马人所具有的秉性似乎不可思议，但事实上，罗马人欣然接受并非常喜欢这件象征物。因为通过狼鲜明地表达了人性的两重性，一是世间最伟大的母爱，二是坚韧勇敢的

图 2-11　《母狼》（现藏于意大利罗马市政博物馆）

性格。人性的这种两重性格，在生产力并不发达、人类的基本生存还处在难以保障，且战争频频的公元前 8 世纪到公元前 4 世纪的意大利半岛二者不可缺一，坚韧勇敢的性格被认为是英雄的性格，而母爱是人类在艰难中渴求庇护的心灵港湾。

平面文字的发明，帮助人类进入理性思维的快速发展阶段，人类开始以更高质量的抽象思维总结、判断、预料事物的发生和作出必要的处理方法、与他人沟通与交流，直到达到目的为止。

而三维象征物（雕塑）的创作，则帮助人类利用直观、直觉及感性的能力，将情感、思想、意志通过借用和模拟某个具体的人、实物或动物予以转换表达，在倾诉自己感受或情感的同时，唤起他人的共鸣，激发他人同感，调动他人参与到对某件事物的共识之中。

今天，我们就是从这些有时看似稚嫩、有时看似神奇、有时则颇感费解的艺术媒介或载体中探索人类文明与历史文化是如何发展的各种信息。

第三章　辉煌的纸质媒体时代

第一节　造纸与印刷的发明

纸最早发明于何时？学界对此说法不一。根据文献记载与考古挖掘为证据，大致可认为纸张最迟出现于西汉，而被改良于东汉。

关于西汉出土纸张的考古挖掘记录大致以1934年新疆罗布淖尔、1974年甘肃居延肩水金关遗址、1978年陕西扶风与1979年甘肃敦煌等发现西汉麻纸为代表。1957年在西安灞桥发现的西汉武帝时期古纸，被认为是至今可见的最早的麻纸。西汉纸的成分为麻类纤维，早期质地粗糙，不便于书写，西汉后期纸张颜色、质量逐步改善。敦煌马圈湾烽燧出土的马圈湾纸（约公元前1世纪）虽不如东汉蔡侯纸，其质量已经大幅度提高。

《后汉书·蔡伦传》载：

> 自古书契多编以竹简，其用缣帛者谓之为纸。缣贵而简重，并不便于人。伦乃造意，用树肤、麻头及敝布、渔网以为纸。元兴元年奏上之，帝善其能。自是莫不从焉。故天下咸称蔡侯纸。

文献记载东汉中期，宦官蔡伦总结前人经验，开始使用树皮、破布、渔网等原料，采用更为复杂的打浆工序，造出了高质量的纤维纸，是为中国四大发明之一。1974年在甘肃武威旱滩坡出土的东汉纸质地柔软细腻均匀，制作时间稍晚于蔡伦在世，双重验证了东汉纸的存在。[1] 敦煌藏经洞保存的最早写本和敦煌西北长城

1 李万健编著，《中国古代印刷术》，大象出版社，2009年9月，第12–13页。

图 3–1　活字印刷

烽燧下发现的纸本粟特文古信札，证明西晋和十六国时期纸张取代木简向西传播。[2]

2 荣新江著，《敦煌学十八讲》，北京大学出版社，2001 年 8 月第 300 页。

纸张的出现降低了书写的成本，扩大了传播的范围，成为两千年来最为重要的媒介之一。数百年后出现的雕版印刷术以及活字印刷术（图 3–1）进一步加速了文字传播的速度与范围，强化着文字的“统治地位”。

雕版印刷术是一种将文字反刻于木板，并在印版上施墨，印就于纸张的技术。关于雕版印刷的发明时间学界亦是众说纷纭。汉代、东晋、六朝、隋代、唐代、五代、北宋等说法不一，其中唐代说是较为可信的说法。篆刻、拓印技术的成熟是雕版印刷的技术基础。清初学者鞠履厚《印文考略》记载，中国印章“始于周，盛于秦，工于汉魏六朝”。秦统一天下以后，皇帝有玉玺，官府有官印，私人有名章。汉代印章的篆刻水平已经达到一个高峰，汉印字形工整，制作精美。严卯是汉代用以驱邪的吉祥佩玉。到了晋代，严卯发展到 4 寸见方，刻字 120 多个。汉晋两代的严卯已具雕版雏形。[3]

3 罗仲辉著，《印刷史话》，社会科学文献出版社，2011 年 9 月，第 8 页。

据文献记载和已发现的印刷品实物分析，唐初就已经发明了雕版印刷术。明代史学家邵经邦《弘简录》卷四十六载：

> 太宗后长孙氏，洛阳人。……遂崩，年三十六。上为之恸。及官司上其所撰《女则》十篇，采古妇人善事……帝览而嘉叹，以后此书足垂后代，令梓行之。

梓行即刻版印行，文中所述之事时值贞观年间（公元636年），说明唐初已有了雕版印刷技术。[4]

4 李万健编著，《中国古代印刷术》，大象出版社，2009年9月，第20页。

敦煌藏经洞中被斯坦因劫走的《金刚经》刻本，明确刻着"咸通九年四月十五日王玠为二亲敬造普施"，时在公元868年，是迄今人们所能见到的世界上第一件标有年份的木板印刷品，为中国唐代雕版印刷提供了实物和史料证据。[5]

5 荣新江著，《敦煌学十八讲》，北京大学出版社，2001年8月，第301页。

然而值得注意的是，最先使用雕版印刷术的人群并非统治阶级，而是佛教徒与一般民间人士，我国王朝政府直到五代才开始使用雕版印刷组织刻印书籍。

五代九经的开雕，是我国历史上第一次由政府召集主持的儒家经典的雕版印刷的开始。宋代以后，印刷技术被广泛使用，从中央到地方都设立了专门的印刷机构，民间作坊更是遍及全国。雕版印刷逐渐取代手写而成为文献制作（生产）的主要形式。后来，雕版印刷又通过丝绸之路开始西传。14世纪下半叶，中国的雕版印刷术传入欧洲，14世纪末欧洲开始以木版印刷圣像和宗教书籍。[6]中国古代的印刷术对传播中国传统文化，以及对于东方文化形成产生了重要影响。

6 熊澄宇著，《媒介史纲》，清华大学出版社，2011年10月，第81页。

文字的产生不是偶然的，是人类的愿望与诉求促使而成的。在最初的时候这可能仅仅是出自少数人的需要，例如统治者或祭祀人员，其记录的内容仅与国家大事有关。在漫长的中国古代历史中，懂得文字的人依旧是少数人。很长一段时间以来，除了对诸如士大夫一类的知识分子外，文字对于普通百姓似乎不具备太大的意义。中国的传统宗教又非如西方一样占据着社会统治地位，不具备对外扩张的特性，对印刷亦无太高的需求。这也许可以解释为何佛教徒是最早的印刷术使用者。一项新技术或新媒介的普及同其载体上的内容是分不开的，从抄本到印刷本的记录方式变化大大加快了书籍传播的效率，使得文字能够到达更多的人。与此同时除了传统经典之外是否有符合百姓需求的作品也是对新媒介对人的考验。古典文学专家袁行霈认为："在一定程度上可以说文学创作的状况是取决于传媒的。”[7]而反过来说，一样媒介的流行与否也是取决于艺术创作的。

北宋庆历年间（1041—1048），民间艺人毕升发明了泥活字印刷术。活字印刷术是基于雕版印刷术基础的印刷技术，其方法须先在胶泥、木头或铜、铁等材料上制成单字的阳文反字模型，再按照书稿将单字模型挑选出来，于字盘排版、施墨印刷，是为“活字”。

与雕版印刷术普及相似的是，毕升的泥活字印刷术的普及也经历了漫长的过程。宋代印刷业虽然兴盛，却依然以雕版印刷为主，从活字印刷术发明，到民间出现第一部使用活字印刷的书籍中间隔了140多年，再到被皇帝接受进行大规模印刷期间又相隔了500余年，而此时已是时至清朝。

1440—1455年，古腾堡（Gutenberg）进行金属字模和用铅合金铸成活字的研究，发明铅活字版机械印刷机，1455年印成的《四十二行圣经》是世界上现存最早的用现代印刷术印制的印刷品。与毕升的泥活字印刷术相比，德国古腾堡发明的铅合金活字印刷术在时间上虽然落后了四百余年，但是它带来的影响却远远超过了毕昇，引发了一场真正的传媒革命，推动了西方社会的发展。与其说这是印刷术技术带来的差异，不如说是整个社会环境对印刷术普及带来的差异。14世纪开始，西方社会经济繁荣，资本主义萌芽，文艺复兴推动思想解放，整个社会都充满着对文化、法律、教育等知识的渴求，因而欧洲的活字印刷不单单是加快了印刷速度，而是整个社会变革的催化剂。

中国古人似乎在先天层面有一种本能，钝于接受一些通过“先进科技”从而能带来便利的事物，宁可顺其自然产生转变，虽然这在发展上可能会造成落后，不过却也能够避免穷尽毕生精力去追赶效率，有一种优雅从容的美。

宋代是中国印刷业发展的一个高峰，书肆所卖之书种类丰富，既有经史，亦有诗卷。一方面这一时期的士大夫的诗歌作品接连

7 袁行霈主编，聂石樵 李炳海本卷主编，《中国文学史 第一卷》，高等教育出版社，2003年02月第1版，第4页。

前朝产量十分繁盛，另一方面，基于商业和歌妓业的繁盛，俚俗文化、市民文化的创作也有了广泛的传播平台。由歌者乐工创作的词作进入市场，其内容平易近人，以歌为主，易于普通听众理解。市民文化的兴起令图书市场的受众群得到了极大扩展。

市民阅读量的增加，不仅繁荣了文化市场，同时也促进了造纸业的技术进步。据传五代李唐李后主曾监造过一种名为“澄心纸”的大纸，据说书写不会渗墨。后来不知为何一直停产，至宋代欧阳修曾因得到该纸而心悦不已。近代山水画大家黄宾虹在画款中也曾提及澄心纸。这说明对当时文人施墨而言，纸张的合宜性已显得至关重要。书画者在施墨时希望纸张能够承受一定的渗透强度，同时又能够充分彰显出墨色的魅力。长期以来，安徽宣城所生产的宣纸被认为是质量上乘的书画专用纸张。至清代，在制造宣纸的工艺基础上，又有加入稻草为原料，遂有“全皮”“半皮”“七皮三草”等品种出现，给书画创作提供了一定的施展空间。宣纸的产生在很大程度上决定了后来中国传统书画的基本形态，笔、墨、纸、砚之文房四宝作为中国传统文化载体的象征，其意义已远远超越了其本身的用途或价值。笔墨在宣纸上的运用，成为中国传统书画中的精髓。作为中国文化的重要元素，在相当长的一段历史中，它不只是伴随着文人士大夫吟诗作画，而是与其思想乃至生命都是交融在一起的。

中国铅字印刷的历史一直延续到20世纪，其技术比起同时期的国外印刷技术已经十分落后，随着20世纪70年代王选教授领头研究出激光照排技术后，中国的纸质印刷逐步进入了计算机时代。至1991年底全国各地五百多家有印刷厂的报社几乎全部由铅排改为计算机照排，并逐步实现报纸胶印。1990年2月，《人民日报》正式告别铅字，全部使用计算机激光照排技术。[8]

文字诞生之初到如今，其载体发生了千变万化。而随着载体每发生一次改变，文字就能够接近更多的人，能够更为广泛地传播，扩大了话语权的范围，其功能与内容也愈加多元。纸质媒体时代

8 李春著，《当代中国传媒史 1978-2010 上册》，漓江出版社，2014年6月，第357页。

的到来意味着更多人可以接触到知识，读书不再是少数人的权利，它与教育紧密地结合在一起，提高了全民的文化水平，告别旧日的蒙昧时代。

如果说纸张与印刷的发明为教育平等做出了难以磨灭的贡献，那么互联网再一次为教育事业添砖加瓦。慕课（Massive Open Online Course，简称MOOC），指的是大规模开放的在线课程，是Web2.0时代下涌现出的一种在线课程学习模式。之所以说是大规模，因为其课程通常为全世界共享的在线课程，因此一门课动辄有数万人学习。国外知名的慕课网站有Coursera、edX，国内较有代表性的慕课网站有中国大学MOOC、慕课网、学堂在线等。Coursera网站的口号是“在网上学习全世界最好的课程”，充分表达了慕课网站的决心与野心。“慕课”打破了空间和时间的限制，只需要一台能够联网的终端设备，任何人都可以接触到相同的、一流的教育资源，随时随地进行学习，可以说在目前最大程度地达到了教育普及。虽然付费和收费的课程同时存在，与顶尖大学真正的教育资源依然有差距，但已经大大降低了普通人的学习门槛。

这些已是后话。

第二节　纸上的艺术与修养

一、艺术向善内涵之源头

在纸张发明普及之前，人类也寻找着各式各样的媒介作为艺术或文字的载体，例如壁画、岩画、地画、彩陶、青铜器，等等。纸张的出现使得这几种艺术形式逐渐式微，凡能通过平面构建的艺术都逐渐被纸张所吸纳。但无论使用何种媒介表达与叙事，都源于人类有着记录历史，表达自我，创造美好的愿望。

法国著名美术史家热尔曼·巴赞曾对原始艺术家作出这样的评述：

原始艺术家是一个术士……如果他对活生生的实物给予如此密切的注意，那是为了尽可能地造型逼真，使形象具有创造物的实在品性。因此，早期形象栩栩如生的自然主义，可以追溯到要与世界相等同的愿望，正是这种愿望将人和其他生命形式区别开来。人类的全部活动旨在熟练地介入自然界力量的运动，希望保持平衡，吸取“善的”力量，逐退“恶的”力量。[9]

9 [法] 热尔曼·巴赞著，刘明毅译，《艺术史》，上海人民美术出版社，1999 年 04 月第 1 版，第 10 页。

在原始社会，人类的审美意识也许还没有那么强烈，尽管他们无意识地创造着艺术成果如舞蹈、音乐、绘画等，但这些艺术依旧保留着很强的实用性与功利性，即征服自然。而随着人们对世界认识的不断深入，原始信仰发生了转变，但舞蹈、歌唱、绘画的形式却保留了下来，以实用为目的的艺术逐渐向以审美为核心的艺术转变。

春秋战国时期，儒家则明确指出诗歌、舞蹈、歌曲与人心的道德、生命的律动不可分割，因这三种艺术形式不假借他物，皆发自人之己身。“尽善尽美”是孔子对于艺术的至高评价，且“好”的重要性更在“美”之先。

《礼记·乐记》上记载：

诗，言其志也；歌，咏其声也；舞，动其容也。三者本于心。然后乐器从之。是故情深而文明，气盛而化神。和顺积中而英华发外，唯乐不可以为伪。

儒家认为艺术源于内心深处，是道德情感最真实的反应，因此无法伪装，亦无法隐藏。

同时，中国古代人认为，艺术在于发现人类与自然的美好和谐之处，而非独立的表达，它必须是和天地人互为沟通的，其中有着天人合一、悲天悯人的情怀。

“以追光蹑影之笔，写通天尽人之怀”，这两句话表出中国艺术的最后的理想和最高的成就。唐、宋人诗词是这样，宋、元

图 3–2　花山岩画

人的绘画也是这样。[10]

10 宗白华著，《美学散步》，上海人民出版社，2005 年 12 月第 1 版，第 144 页。

二、纸张前的绘画与记录

中国原始绘画的载体主要为陶器、山崖、大地等，例如彩陶、壁画、岩画，地画，其用笔为动物鬃毛，用色为矿物原料或动物血，其内容主要以战争、祭祀、收获等部族大事为主。

例如广西左江流域的花山岩画（图 3–2）距今已有 2 500 ~ 1 800 年的历史，是目前为止中国发现的单体最大、内容最丰富、保存最完好的一处岩画，认为是战国至东汉时期岭南左江流域骆越人（壮族先民）留下的遗迹，该岩画虽然已不是原始社会人类的作品，但依然保留了非常鲜明的原始岩画特征。岩画主要以人像的正面像与侧面像构成，人物百千成群，全员举手屈膝，双脚叉开，状似舞蹈祭祀，另有形似马、狗、锣鼓、太阳等形状点缀其中。花山岩画采用单色平涂，铺以赭红色块，形似平面投影，线条单纯简练，手法稚拙有力，通过基本动作形态来表现人物情感。

早期壁画、岩画的造型语言大都是抽象与写意的，这种写意，虽然称不上成熟的画风，但依然自成一种形式，当说是后世写意风格的前身。虽然其载体是岩石或山体，但它的艺术创造的手段与后来人类在纸张上的创作手法有着一脉相承之处。

除却绘画之载体，纸张前的文字载体则更为丰富，如简牍、帛书、兽骨、青铜、金石等，虽然载体形态各异，但由于书写媒

图 3–3　东汉　荷塘渔猎画像砖（拓印）

介整体匮乏难以得到，因而其内容依旧与国家大事息息相关，其媒介不为百姓所得，其内容也少与百姓有关。青铜是文字载体中较为典型的一种，它是国家统治阶级和贵族所拥有的，一种象征阶级等级的媒介艺术。例如出土于殷墟的著名的商代青铜重器后母戊鼎，是迄今世界上出土最大、最重的青铜礼器，它是商王朝神权与王权高度统一的象征。

与夏商周青铜器功用相似的还有汉代的画像砖，生者在阳间乞求永垂不朽的功绩，在冥间盼望享用不尽的荣华。正因为是“永恒”的愿望，因此需要使用像青铜或是石砖这般可以永久保存的厚重坚固材质。人们把生前所能想到的所有荣华富贵、笙歌舞乐、衣食住行的画面带入地下，与当时“事死如事生”的厚葬习俗与来世信念是分不开的。艺术不会凭空产生，也不会无故消失，它永远和人心交融一体。

从艺术表现手法上来说，汉画像砖（图 3–3）的雕刻手法以写意为主，擅长运用流畅的线条表现人物形体与动态，乐伎舞伎衣袖飘动、车马飞奔威风凛凛，而对于人物细节却不作详细刻画，这与后来纸本、绢本作画手法颇有相似之处。无论是后来的中国画抑或雕刻都不注重光影与立体的效果，反是专注于线的韵律。

值得指出的是，这一时期的艺术，无论是青铜器或是画像砖，都是富裕人士、贵族阶级的专利，这些艺术作品为后世所知的往往是他们的拥有者，而制造艺术的工匠之名却永远地被埋没在了这些庄严肃穆的器具与石砖之下。

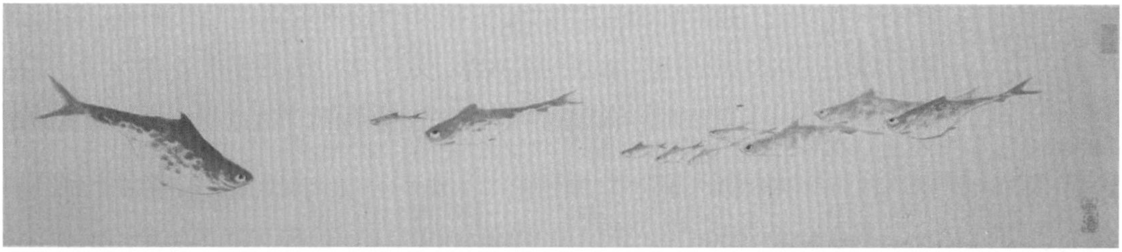

图3-4 明 朱耷《鱼鸭图卷》局部）（现藏于上海博物馆）

在礼崩乐坏的春秋战国过后，作为礼制与王权象征的青铜器逐渐式微，同时期能够代替青铜器书史的材料也层出不穷。然而，纸张的出现彻底代替了彼时各种“传统媒介”，成了那时当之无愧的“新媒体”。纸张具备着出众的便捷性和延展性，以纸张为载体的艺术成为了中华艺术史上无法替代的一部分。

三、有限的色彩 无限的遐思

从山崖、大地到纸张的艺术载体之变化所带来最大的改变是巨大的，绘画、写字的准确度、精细度都有了质的飞跃，题材也从人物、山水、花鸟到风俗画不断扩充。而在中国画中，以纸张作为载体非常特殊的一点在于以“白纸”作为画底，其象征的并非白色或者是空白，而是流动变化的空间，它可以是天空大地，可以是云海雾气，或者是一切自然的背景。一枝红杏可得满园春色，数条游鱼可想湖海无垠（图 3–4）。

美学大师宗白华将中国画底的空白比作是宇宙灵气往来的生命流动之处实是非常精到的说法：

> 中国人感到这宇宙的深处是无形无色的虚空，而这虚空却是万物的源泉，万动的根本，生生不已的创造力。老、庄名之为“道”、为“自然”、为“虚无”，儒家名之为“天”。万象皆从空虚中来，向空虚中去。所以纸上的空白是中国画真正的画底。[11]

11 宗白华著，《美学散步》，上海人民出版社，1981 年 5 月第 1 版，第 123 页。

中国画的画底是一片白,而用色又是一抹黑。其白不是单纯的白，其黑也非纯粹的黑。中国画用色讲求“墨分五色”“计白当黑”。“墨

12 张彦远撰，《历代名画记》，中华书局，1985 年，第 72 页。

13 叶子编，《潘天寿花鸟画论稿》，上海人民美术出版社，2012 年 8 月，第 70 页。

分五色”一词出自唐代张彦远《历代名画记》：“运墨而五色具。”[12] 五色指焦、浓、重、淡、清；或浓、淡、干、湿、黑，加“白”，合称“六彩”。“墨分五色”即指运用水墨干湿浓淡的不同比例达成墨色丰富变化的手法，认为“水墨画，能浓淡得体，黑白相用，干湿相成，则百彩骈臻，虽无色，胜于青黄朱紫矣”。[13]

将这种用色思想表达得最为透彻的是文人画。

《老子·四十一章》中记载：

> 明道若昧，进道若退，夷道若类，上德若谷，广德若不足，建德若偷，质真若渝，大白若辱，大方无隅，大器晚成，大音希声，大象无形，道隐无名。夫惟道，善贷且成。

道家正言若反的这种思维艺术，在后来中国文人画与中国古典式园林修造中被运用得再透彻不过了。文人画中所追求的淡泊与自然，反映在画面上便是以摒弃华艳，惟取真淳为逸格者，整体格局追求疏淡，用墨用水渴望形成淡墨处如梦雾中，一改以往深墨传统的绘画路子。这种强调精神与物质（艺术创作）高度结合的观点，实际上也已继承了道家好道与进乎技，正言若反的思维。越是淡泊与空灵化，则意味越深，所表现的意蕴也越是丰富。文人画中的形神结合，心手相应，气力相合，尤其是墨分五色，以重水墨而轻色彩，注重水墨中的丰富色变的技法，更是对讲究绘事后素，返璞归真，大巧若拙思想的具体表现。这一特有的民族美学思想，与受道家思想影响是分不开的。这一观点在笔者拙著《中国设计思想发展简史》中予以论述了。

四、有限的方寸　无限的时空

媒介的存在对人形成束缚，而人又在不断突破着束缚。这种突破并不在于扩大媒介的大小，而在于其心灵延伸的无穷远，因此中国人能在有限的画布以及有限的视角中呈现千里山川，满座城池。中国画的卷轴并非瞬间的时空凝固，通过画面能够感受到

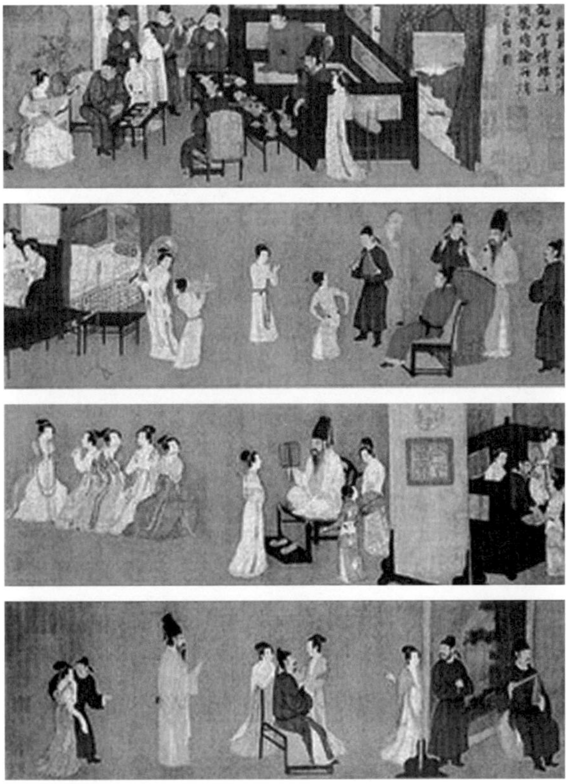

图 3-5　南唐 顾闳中《韩熙载夜宴图》（现藏于北京故宫博物院）

画中世界的生命周转不息，也能感受到画者的精神在天地间流动不止。空间与时间在中国画中得到了最大程度的延伸与拓展。古代卷轴虽非电影胶片，却好似一个个长镜头、摇镜头，记录着大千世界。

（一）时间变化

五代十国南唐画家顾闳中所绘《韩熙载夜宴图》（图 3-5）以长卷描摹了南唐大官韩熙载于家中举宴的场景，是为中国十大传世名画之一。《韩熙载夜宴图》最大的特色在于画面打破了时间观念，将不同时间段中发生的情境刻画于一幅长卷之上，而在阅读过程中却并不感受到画面分割，恍如一体。全卷细腻描绘了众多人物笙歌乐舞、穿插行进，利用屏风床榻等器物将画面分为五段，既令画面相互连接，又可独立成卷，犹如后世的电影转场特效。

图 3-6　贾科莫·巴拉《链条上的狗》（现藏于奥尔布赖特·诺克斯艺术馆）

画家并未对室内物件进行详细刻画，却让观者感到取景于夜幕降临时的豪门大院。犹如中国戏剧，只用少量布景，主要依靠人物情貌带领观众身临其境。

20 世纪初，西方未来主义画派流行于意大利，未来主义画派的主要意图是表现运动感与时代感，力求在同一画面上表现出某一瞬间的连续性形象，拒绝传统画派静止不动的表达。《链条上的狗》（1912，图 3-6）是意大利画家贾科莫·巴拉（Giacomo Balla，1871—1958）所作未来主义典型之作。相较而言，同样是表达时间的更迭，中国画的表现更加柔和而具备叙事感。

（二）空间变化

在中国山水画中，最能体现空间变化的莫过于“三远”之说。“三远”指的是绘画构图中的“高远、深远、平远”。《林泉高致·山水训》载郭熙之言：“山有三远：自山下而仰山颠，谓之高远，自山前而窥山后谓之深远，自近山而望远山谓之平远。”[14]《芥子园画谱》的山水部分总结高远、深远和平远的三远法，实际上是解决如何表现山水境界中的高、宽、深三度空间的方法。[15]

高远简而言之是仰视的效果。譬如宋代画家范宽所作的《溪山行旅图》（图 3-7），画中之山巍峨雄壮，直逼面额，虽只现一座山头，却因其底部虚化，好似壁立千仞，具高远意味。

深远指的是画面前后进深大，形成一有深度的空间效果。元

14 [宋] 郭熙著，《林泉高致》，山东画报出版社，2010 年 8 月，第 51 页。

15 陆云达编著，《中国美术简史》，中国文史出版社，2014 年 2 月，第 370 页。

代王蒙的《青卞隐居图》（图 3–8）在有限的画面长度中极尽可能地表现了千岩万壑，层层叠进，纵深之感跃然纸上，引人入胜。

平远则主要通过俯视视角描绘出景色的宽广辽阔，通常横卷更加能够体现出平远构图的特质。《富春山居图》（图 3–9）是元朝书画家黄公望以浙江富春江为背景所作之画，全卷平远开阔，一望无际，疏密得当又富于变化。

“远”不仅仅为了创造空间的开阔度，它是构成意境必不可缺的要素，甚者高远、深远、平远等移步换景式的绘画手法和 VR 全景拍摄手法有异曲同工之妙。古代文人墨客不厌其烦、不厌其详地勾画出的图卷或许正是今天虚拟现实沉浸式概念的原型，即宗炳所谓“目所绸缪，身所盘桓”的境界。

五、静态的方寸　动态的表达

德国美学家莱辛（Gotthold Ephraim Lessing，1729—1781）在论及西方绘画特征时表达了这样的观点：“既然在永远变化的自然中，艺术家只能选用某一顷刻，特别是画家还只能从某一角度来运用这一顷刻；既然艺术家的作品之所以被创造出来，并不是让人一看了事，还要让人玩索，而且长期地反复玩索；那么，我们就可以有把握地说，选择

图 3–7　宋　范宽《溪山行旅图》（现藏台北故宫博物院）

图 3–8　元　王蒙《青卞隐居图》（现藏于上海博物馆）

图 3-9　元　黄公望《富春山居图》（现藏于浙江省博物馆、台北故宫博物院）

上述某一顷刻以及观察它的某一角度，就看它能否产生最大效果了。”[16] 对于西方人来说，取景、色彩、结构是画面中的重中之重。而中国人不画光影，少有透视，并不是因为不知道有明暗，不知道有远近，而是因为他们专注于留下生命的动态，也就是古人所说的神韵。中国人画花鸟不是为了捕捉花鸟这一时刻的颜色变化，质感光泽，而是为了表达自然万物的生气，它表面上看是一静态的画卷，实则闭上双眼，你可感觉到下一秒它们会振翅而飞。中国的人物画也不注重表现人体美，而注重展现人的生活状态与神态特征（图 3-10）。在绘画过程中，中国人也更依赖于想象超过观察。南齐谢赫在《画品》中所提出了著名的“六法”，即气韵生动，骨法用笔，应物象形，随类赋彩，经营位置，传移模写。[17]“六法”揭示了中国绘画的本质特征，成为后世评价中国画的重要标准。

16 [德] 莱辛著，朱光潜译：《拉奥孔》，人民文学出版社 1984 年版，第 18–19 页。

17 [南齐] 谢赫，[陈] 姚最，王伯敏标点注译，《古画品录》，北京：人民美术出版社，1959 年 12 月第 1 版，第 1 页。

中国花鸟画与西方静物画所呈现出的不同的审美取向正说明了这一点。宋徽宗赵佶笔下的芙蓉雍容华贵、锦鸡泰然自若（图

图 3-10　唐　周昉《簪花仕女图》（现藏于辽宁省博物馆）

图 3-11　宋　赵佶《芙蓉锦鸡图》（现藏北京故宫博物院）

图 3-12　宋　林椿《果熟来禽图》（现藏于北京故宫博物院）

图 3-13　明　朱耷《双鹰图》（现藏于南昌市八大山人纪念馆）

图 3-14　夏尔丹《鳐鱼》（现藏于巴黎卢浮宫）

图 3-15　威廉·克拉斯·赫达《蟹肉早餐》（现藏于圣彼得堡艾尔米塔什博物馆）

3-11），宋代林椿的《果熟来禽图》（图 3-12）中的桃儿饱满喜人、鸟儿欢快雀跃，清初朱耷《双鹰图》（图 3-13）中的老鹰则遗世独立，睥睨世间。每一种生物都充满了其生命独有的特征，并融入了作者对世间万物的理解，画家对其神态的把握远超过了对光线与质感的描绘。再看西方静物画大师夏尔丹的《鳐鱼》（图 3–14）与威廉·克拉斯·赫达《蟹肉早餐》（图 3–15），两幅静物画极尽能事地刻画了杯盘布料以及各种食物的质地，其画面几与摄影作品无异，充分表达了那时绘画还原现实的理念。

中西画家在平面绘画表达上截然不同的表现和他们千年以来根深蒂固的思想是分不开的。美学家热尔曼·巴赞这样概括东西方的绘画思想差异：

西方努力接近艺术作品的根本概念，作为一种特殊活动的产物提供给少数能够欣赏的高贵者。那是艺术家和观者之间在美学主题上的对话。

在远东艺术家的手中，形象的浮现作为世界存在本身的显现——宇宙威力的象征。那并非力求掌握自然的某些限定方面的人类思想之结果。那是被“赋予灵感”，一个艺术家对不停运动的外界现象的想象之反映。[18]

18 [法] 热尔曼·巴赞著，刘明毅译，《艺术史》，上海人民美术出版社，1999 年 4 月第 1 版，第 519 页。

无独有偶，美学大师宗白华认为：

照片摄取的并不是真实自然，而艺术家所表现的自然，方是真实的自然，“动象”的表现，是艺术最后的目的，也就是艺术与照片根本不同之处。[19]

19 宗白华著，《美学散步》，上海人民出版社，2005 年 12 月第 1 版，第 462 页。

19 世纪 30 年代，法国人达盖尔（Louis–Jacques–Mandé Daguerre）发明了照相机与照相技术，1975 年，美国人赛尚（Steven Sasson）在柯达实验室中，通过数码相机获取到第一张数码照片，影像行业的发展就此改变。1895 年 12 月 28 日，法国摄影师路易卢米埃尔兄弟在巴黎卡布辛路的大咖啡馆，用活动电影机首次放映《工厂的大门》，世界第一部电影诞生。照片、电影的出现，令现实的再现达到了极致。西方的艺术和科学技术的结合向来紧密，这一系列现代影像技术的发展，或许对西方传统绘画造成了冲击，催生了之后的印象主义等流派，但对于中国画来说却未必如此，因中国画尤其是文人画本身是以托物言志、借景抒情为其表征，并非对真实的绝对描绘。

19世纪之后，西方的绘画流派走向了抽象的道路。蒙克的《呐喊》表达他想象中的恐惧与后悔；蒙德里安运用极度抽象的数学规律寻找画面的平衡之美，米罗的画则充满了儿童式的天真与单纯。法国野兽派画家马蒂斯（Henri Matisse，1869—1954）认为："画家不用再从事于琐细的单体的描写，摄影是为了这个而存在的，它干得更好，更快。把历史事件来叙述，也不是绘画的事了，人们将在书本里找到。我们对绘画有更高的要求。它服务于表现艺术家内心的幻象。"[20] 西方画家开始想着画时候，又往往不看了，绘画成了幻象，完全的个人表达。

20［德］瓦尔特·赫斯编著，宗白华译，《欧洲现代画派画论选》，人民美术出版社，1980年12月第1版，第50–51页。

在中国的古画中，我们往往能发现"动画"的特点，20世纪50年代以来，众多国产动画片以水墨画、画像砖、壁画为表达方式并非毫无道理的。东晋著名画家顾恺之绘制的《洛神赋图》（图3–16）表现了画家想象中的空间，其境瑰丽雄伟，仿若仙境，众多人物不处于同一时空之中，却能够自然地交替更迭，如同发生在洛水边的一场幻梦。画面中不同情节相互穿插，构成一幅连环图卷。

唐代画家吴道子的绘画风格被称作"吴带当风"，不得不说对今天我们用动态来表达叙事是一种深厚的文化积淀。王伯敏先生在《中国美术通史》中对吴道子的贡献已作如下评价，在此引用为据：

吴道子的贡献首先是他艺术上的创造精神，鲜明的时代风貌和一些作品中具有的人民性。他继承魏晋绘画成就，特别发展了张僧繇的疏体，又吸收了外来绘画的营养，一变前代的铁线描，成功地画出了高低深斜，卷褶飘带之势，"施笔绝，皆磊落有逸势"，产生"天衣飞扬，满壁风动"的效果。他强调笔墨线条的功能和力度.一变灿烂焕丽的施色为"于焦墨痕中略施微染，自然超出缣素"（汤垕《画鉴》），世称"吴装"，甚至有不设色的白画，成为后世"白

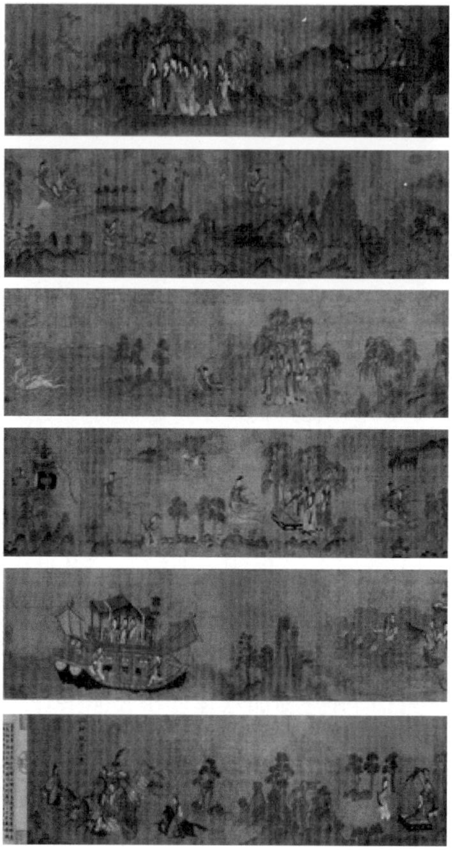

图 3–16　东晋　顾恺之《洛神赋图》（宋摹本）（现藏于北京故宫博物院）

描”之先驱。这是一个全新风格的创造。

吴道子在绘画中创造了极为丰富的艺术形象，画赵景公寺壁画中的执炉天女，使人感到“窃眸欲语”，画菩提寺的舍利佛，观之有“转目视人”的感觉，富有生命活力的形象产生巨大的艺术感染力。他画天王力士威武健壮，强悍有力，“虬须云鬓，数尺飞动，毛根出肉，力健有余”，“变相人物，奇踪异状，无有同者”，具有非凡的气概，他画长安千福寺壁画甚至根据自己的相貌图绘菩萨。这些形象，具有八面生动的效果，既有生活根据，又有丰富的想象。[21]

21 王伯敏主编，中国美术通史 第三卷，山东教育出版社，1987 年 11 月第 1 版，第 31 页。

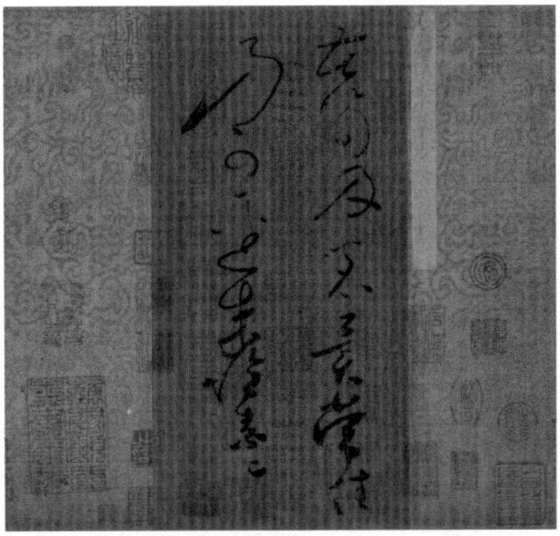

图 3-17　唐　怀素《苦笋帖》（现藏于上海博物馆）

六、诗书兼画印　书画本同源

书法历史源远流长，可溯数千年。商朝书法主要以甲骨文为主，而周朝则主要以金文为主。即便是在笨重的青铜之上，此时的文字已经展露出书法的特征。目前铭文最长的青铜器是周宣王时期的毛公鼎，其铭文共达 497 字。商朝时期的青铜器铭文内容主要与歌功颂德相关，以期王朝永垂不朽，而到周朝时期的青铜器铭文内容则更加贴近生活。

纸张普及之后，书法更加融入人的生活。古人与书法的关系，比起今人要亲近许多。上到考取功名入朝为官，下至题匾做账书信往来，都需要写一手好字，许多书法家笔下之作皆出自日常生活。只是，在电脑手机等键盘终端高度发达的今天，生活节奏日益加快，书法无论是作为沟通日常信息的手段，还是作为连接自然陶冶情操的媒介，都显得愈发式微，而书法与现代人的距离感也越来越大了。

如果说书法在古代还保留着相当的实用性，那么在今天它几乎完全作为艺术而存在。可是即便如此，书法的意义却并未改变。因为书法字不是印刷出的字体，它与人们的心灵发生着联系。书法拥有它作为线条排列之美的表面价值，更具备着反映书写者精神状态的内在价值。

以怀素书法为例（图 3–17）。怀素作为唐代狂草的代表人物，其字纵横开阖，变化多端，此乃书法之形态美；狂草的运笔讲究空灵连贯、一气呵成，笔画省而行迹留，运笔快而气韵长，此乃书法之动态美；透过字里行间可想见怀素其人奔放不羁，豪气万丈，此乃书法之神态美。

清代大书法家和篆刻家邓石如的五世孙邓以蛰这样评价书法艺术：

至其悬针垂韭之笔致，横竖转折安排之紧凑，四方三角等之配合，空白疏密之调和，诸如此类，竟能给一段文字之全篇之美观，此美莫非来自意境，而为当时书家之精心结撰可知也。至于钟鼎彝器之款识铭辞，其书法之圆转委婉，结体行次之疏密，虽有优劣，其优者使人见之如仰观满天星斗，精神四射。[22]

22 萧培金编，《近现代书论精选》，河南美术出版社，2014 年 1 月，第 113–114 页。

书法通过行笔的轻重缓急、落笔的抑扬顿挫、排布的疏密得当，从而表达出作者的情感与心境，每一幅书法作品都包含着自身独有的节奏与韵律，如诗如舞。这同文人画借画面表达心意的意图是殊途同归的。

第三节　不同群体对纸质媒介内涵的重塑

宋代是一个艺术大繁荣的时期，它的繁荣不仅仅表现在文人墨客在诗词书画上的成就和朝堂画院在宫廷绘画上的钻研，更体现在蓬勃发展的市井世俗文化上。如果在魏晋南北朝是士大夫艺术自觉的时代，那么宋代就是市民百工艺术觉醒的朝代，其原因与宋朝飞速发展的商业经济是分不开的。身在都城或大城市的部分人群不再依附于农业，转而以商业或服务业生存，这也代表着人们开始拥有更多的闲暇时间，这为民间艺术和娱乐的发展提供了最佳的土壤，艺术开始进入大众消费。孟元老在《东京梦华录》序中详细回忆了宋代繁荣的城市生活：

图 3-18　北宋　李迪《风雨归牧图》（现藏于台北故宫博物院）

正当辇毂之下，太平日久，人物繁阜。垂髫之童，但习鼓舞，斑白之老，不识干戈。时节相次，各有观赏：灯宵月夕，雪际花时，乞巧登高，教池游苑。举目则青楼画阁，秀户珠帘。雕车竞驻于天街，宝马争驰于御路，金翠耀目，罗琦飘香。新声巧笑于柳陌花衢，按管调弦于茶坊酒肆。八荒争凑，万国咸通，集四海之珍奇，皆归市易，会寰区之异味，悉在庖厨。花光满路，何限春游，箫鼓喧空，几家夜宴。伎巧则惊人耳目，侈奢则长人精神。[23]

23 [宋] 孟元老撰，《东京梦华录》，中州古籍出版社，2010.06，第19页。

绚丽多姿的市井生活促成了风俗画和界画的兴盛，令绘画内容突破了宗教或贵族题材的范畴，在宫廷画家、职业画家的层面，流传了大量反映两宋城乡生活的作品：风雨飘摇之中的牧童驱牛逆风而行（图 3–18），货郎载着满满当当的物什玩意走街串巷（图 3–19），锦衣孩童在庭院间嬉戏玩耍（图 3–20），宋朝画家对于人文风俗景象的细腻观察与刻画入微令人咋舌，而其中最为后世称道的当属张择端的《清明上河图》（图 3–21）。《清明上河图》采用散点透视，用笔兼工带写，向人们娓娓道来一幅熙熙攘攘、

图 3-19　南宋　李嵩《货郎图》（现藏于故宫博物院）

图 3-20　宋　苏汉臣《秋庭戏婴图》（现藏于台北故宫博物院）

忙忙碌碌的繁华图景，也暗含着画者对于盛世之下弊病频现的担忧，画面构图严谨、恢宏大气，汴京之景一览无余。

相比起士大夫艺术的淡泊野逸和宫廷艺术的端庄典雅，民间艺术更直接地融入百姓的日常生活，娱乐消费之中，化为一股活跃多姿、生生不息的精神力量。与士大夫托物言志、借景抒情的表达意图不同，平民百姓所喜爱的艺术更多的是为了图个吉利、热闹和高兴。

依托于日渐成熟的雕版印刷工艺和丰富多彩的年节庙会集市活动，木刻年画在北宋时期形成一定规模。木刻年画的题材涉及涵盖了历史故事、戏曲小说、世俗生活、吉祥图案，等等。北宋时期出现了专门售卖年画的画市，旧称年画为纸画或画张，直到

图 3-21　北宋　张择端《清明上河图》（局部）（现藏于北京故宫博物院）

清代才正式有年画一说。北宋首都汴京（今河南开封）及南宋首都临安（今浙江杭州）岁末市场上有门神钟馗的版画出售，既增添节日气氛，又保佑家宅平安，表达人们对美好生活的憧憬。木版年画随着明代小说的繁荣发展得更加兴旺，小说插图版画，也称“叶子”，是明代最兴盛的绘画样式之一，深受各阶层人士及百姓的喜爱。以水浒人物为图的酒牌，即“水浒叶子”绘画手法多样，艺术表现力极强，上至文人士大夫，下至普通老百姓都能读懂其语言，而人们又总是喜欢相同题材的不同演绎。与此同时，传统为宗教服务的壁画数量减少，而酒楼茶肆为装饰店面、招徕顾客而用的悬挂字画需求增加，绘画与世俗社会建立起更加广泛与紧密的联系。

木版年画是当今世界所公认为中国特有的民族美术形式之一。并且，它被纳入中国颇有代表性的装饰形态而被世界各地所认同。对于这种特殊的形态，一旦成为民族文化的认定标志，它就上升为抽象的文化概念，反过来又会约束艺术或设计对它在形式语言上的再创造或再深化。相对而言，它已成为一种特定的装饰形式，成为中国人生活中不可忽略的重要审美和设计的元素。每逢过年过节，人们喜欢用这些形式点缀房屋或活动场所。由木版年画为主要形式又派生出如门帖、门神、门画，有的两侧门框还贴有图案或对联，遇喜事贴喜对等。

正房或客厅正墙上贴的年画又称为贡笺、贡尖、中堂画、竖披或大挂画，与之配合的有横披。因横披是取整张纸的三分之一，故又叫三裁，横贴在墙上的叫横裁，竖贴于墙上的叫竖裁，描金的则称金三裁。另还有条屏，有四条屏、六条屏。窗子两侧贴窗房或圆形的窗房座，也称月光。这些装饰物，均以年画为中心，逐渐地由平面又发展到了立体的挂件，如丝线编织成的各种如意结、八宝结等，现在被称为“中国结”。显然，其民族文化的内涵被提升与强化了，是典型的中国民间装饰物品。

另外，当木版年画发展到各个区域时，它的工艺性及绘制技法在客观上便会有不断更新的要求。当它如饥似渴地吸收优秀的技法表现的同时，民间绘画及创作设计的整体素质便会不断提高。一些出众的画家从中脱颖而出，一些上层的画家也愿意到民间传授技艺，这种全民性的文化交流在历史上无疑起到了文化提高的推动作用。杨柳青、桃花坞、山东潍坊成了画家的培养基地，因而也就成了造就一种风格、一种艺术语言的特定的文化区域，在创造美和培养美的全民参与中，为中国美术或设计发展做出了贡献，对后来的设计产生很大的影响。如上海民国初年流行一时的月份牌，就形式而言就有年画的韵味，其通俗性使月份牌很容易便进入了各地的商业城市，成为当时不可一世的广告宣传品，充当起商业美术的新角色。[24]

24 王荔著，《中国设计思想发展简史》，湖南科学技术出版社，2003 年 10 月 第 1 版，第 206–207 页

在文学层面上，为了满足宴饮歌舞的需要，隋唐民间兴起了一种民间杂言歌辞，经晚唐文人改良创作，令其脱离了五言七言的诗歌形式，开创了长短句这一新的文学体裁。词在宋代盛行发展，代表着宋代文学的最高成就，其本质是一种适应歌唱而诞生的音乐文学。与通达大气的唐诗相比，宋词纤柔细腻，更能捕捉人的心理变化，描绘人世的情感世界。宋代说唱艺术比起前朝的文学更加贴近生活、具备叙事感。到北宋末期，民间创作热情高涨，杂剧、皮影戏、傀儡戏、话本小说、讲史、说经等在瓦肆勾栏中频繁上演。宋代的说唱伎艺为明清小说的发展作了良好铺垫。

从唐诗、宋词、元曲到明清小说的文学体裁之变化，说明着文学形态不断从高雅艺术向世俗艺术转变的过程。而文字，也从国家权力的延伸，修身养性的符号，发展到了人皆可用、雅俗无界的表达方式。不同的人群对生活的不同诉求，反映在他们对纸张、文本的不同塑造，最终创就了瑰丽多彩的纸上文化。

第四章　计算机的出现

第一节　全新的人机界面

如今我们所熟悉的计算机经历了漫长的进化过程。最早的理论模型是 1936 年由数学家图灵（Alan Mathison Turing）提出的，他的抽象计算模型“图灵机”对计算机逻辑进行了严密的建构。阿塔纳索夫 - 贝瑞计算机（Atanasoff–Berry Computer，简称 ABC）是世界上第一台电子计算机，被成功测试于 1942 年。埃尼阿克（Electronic Numerical Integrator And Calculator，简称 ENIAC）是世界上第一台数字式的电子多用途计算机，第二台现代电子计算机，于 1946 年诞生于美国。

计算机最初以计算为主要功能，体型庞大笨重，零部件主要由电子管与二极管构成，以埃尼阿克计算机为例，其占地面积约 170 平方米，重达 30 英吨（1 英吨约等于 1 016 千克），显然与我们今天所使用的同名媒介大相径庭。直到 1958 年，美国德州仪器公司工程师基尔比（Jack Kilby，1923—2005）发明集成电路，微芯片的诞生使得计算机处理功能大幅度增强、体积大幅度减少。

18 世纪德国数理大师莱布尼兹发明二进制，进位规则为逢二进一，后广泛运用于计算机运算中。二进制运用 0 和 1 两个数来表示所有的数据与逻辑运算。二进制数的一位所包含的信息就是 1 比特（bit），位（bit）是信息存储的最小单位，8 比特为一个字节（Byte）。通过二进制编码，可以将一切文字、图像、音频、视频和数据信息进行存储和修改。从此以后，计算机不再是单纯的计算工具，而是作为承载万物的数字媒介，呈几何式地增加了人类信息存储、编辑与传输的效率，开创了一个新的媒介时代。

计算机和从前所有媒介都不同的一点，即在于它信息存储方式的“不直观”，所有的数据或信息被写成数字信号存储在计算机中，人无法直接通过感官所得。纸张虽然提升了媒介的便携性，但它依旧是所见即所得的。计算机尽管能够收纳无穷多的信息，却需要交互指令方能执行，否则无法提供任何信息，而这样的交互指令所涉及的语言与人类语言迥异，输入命令行使得计算机执行命令的效率非常低下，人需要大量时间学习其背后的语言逻辑方能操作。

在过去媒介沟通的是人与人，数字媒介也不例外，只不过人与人之间多了一重计算机界面，而从“字符界面”转变为“图形界面”意味着计算机界面人性化、艺术化的进步，它解决的便是一般人类与计算机的沟通问题。

美国计算机科学家艾伦·凯（Alan Curtis Kay）开创了图形用户界面的先河，将“桌面”“窗口”“图标”等隐喻概念运用至计算机界面交互。施乐公司（Xerox）于 1973 年首先运用图形用户界面与鼠标驱动于计算机，施乐奥托（Xerox Alto）为第一批个人电脑，虽然它并未商业化销售，却极大影响了个人电脑的设计与发展。1984 年，苹果公司（Apple）将麦金塔电脑（Macintosh）投放市场，首次将图形用户界面广泛应用到个人电脑之上，取得里程碑式的成功。苹果电脑的案例正是技术与艺术相结合的杰出典范，界面设计者同时也是伟大的艺术家。

自此，人们开始通过鼠标、键盘、按钮同虚拟菜单、文件夹、窗口进行互动。计算机利用“桌面”“文件夹”等隐喻同现实世界挂钩，从而方便人们理解计算机的工作。尽管计算机本身并不存在什么文件夹，但是通过图形的隐喻，使得普通人也可以接触使用逻辑运算复杂的计算机。

计算机界面变成了一种媒介，沟通着有生命、情感的人类与纯机械、逻辑化的计算机。通过界面，人们才能没有障碍地与计算机交互和对话，计算机也能分毫不差地执行人类的命令。从人文的角度来看，人类无法直接通过编程语言与计算机交互的原因，尚非完全由于语言的难易，而是编程语言不符合大多数人看待世界的习惯，所以有形态的、有颜色的图形界面作为二者的中和剂，充当着二者的中间人，是形式与功能、艺术和科学结合的产物。

具象的图形界面代替抽象的字符界面，从此之后，“计算机语言”产生分化，产品经理、设计师、程序员、用户等不同群体不再于同一层面上理解计算机，围绕界面展开的研究不断发展，从以设计师中心、企业为中心逐渐发展到以用户为中心。用户行为的重要性被提高，研究用户体验被作为计算机软件界面设计的一部分，计算机界面设计进入流水线式的生产方式过程中来。

虽然在全新的人机界面中，书写的文字结构与文字形态被尽可能地保存和延续下来，但是人的行为体验及行为方式却逐渐发生了很大的变化。键盘、鼠标与屏幕代替了纸笔，一板一眼的字库字体代替了千变万化的手写字体，传统的书写习惯与视觉感官被极大地改变了。随着时光变迁，日常生活中需要用到写字的情形会越来越少（尽管信息处理量越来越大），古人以书法写信记账的生活方式，将会被作为一种奢侈浪漫的生活方式留存于历史。人们需要刻意坚持书写或进行书法艺术活动才能保留这一艺术形态，而从中获得的快乐亦是在机械化的打字中是无法体验到的。动手（手工技艺）的意义在于人需要自我创造或创意所带来的价值体验，也需要对于历史记忆做出自然或本能的情绪宣泄，也是人类传承各种非物质文化遗产最好的方式之一。手工与人的密切程度，不可分割的一面，即人亡则手工亡，人在即手工在，要靠传承才得以存在。人的创造力本质源于双手，离开了双手，过度机械化、自动化是难以获得幸福感的。

第二节　叙事方式的颠覆与创新

一、传统叙事

从古至今，媒介的重要功能之一便是叙事功能，每个人每个群体都需要运用媒介记录生活，从国家新闻、商业宣传到生活小事，无不需要叙事语言。媒介的形态决定了不同的叙事方式。纸质媒体的叙事画面跳跃度低，主要以线性阅读为主，而语言抽象程度高，阅读有着大量想象与思考空间，数字媒体下的叙事画面跳跃度高，充满了蒙太奇、碎片化的影像，但是思维跳跃度低，大脑直接接收图像化的语言。通常观点认为，数字媒介艺术的交互性强、参与度高，传统媒介多为单向传播，但值得指出的是，传统媒介形态诸如书籍、音乐等并非没有交互，只是这种交互不以虚拟界面或物理媒介的形态表现于外，作者、表演者与读者、观众、听众间的交互更多地发生在人的内心深处，且愈是优秀的文本能够产生愈发日久时长的交互过程，这种交互是不可见的，而数字媒介艺术的交互往往是瞬时发生，即刻遗忘的。

中国古代艺术与叙事有着密切的关联，例如汉代艺术中的画像砖、画像石、壁画等艺术形式常常着重表现传统故事、神话传说和人物生平，诸如“二桃杀三士”“王陵母伏剑”“牛郎织女”“鸿门宴”等。画像砖往往选取故事中最富戏剧冲突、最具代表性的一瞬间来刻画塑造，从而表现出鲜明人物个性。这些故事对人的影响之大，足以使其带入地下，带入另一个世界。

中国传统文学的叙事形态表现为起承转合，自身形成一套完整的故事结构，不仅仅表现在小说戏剧中，即便是在长轴画卷中也体现得十分明显。例如《清明上河图》，画家采用散点透视之法，用心铺垫，情节高潮迭起，一波三折，首尾呼应，浑然一体。虽为绘画语言，但叙事手法与中国传统文学如出一辙。欣赏《清明上河图》的过程，与其说是在欣赏一幅绘画作品，不如说在读一个时代的故事。中国音乐也为典型的叙事音乐，它总是和诗歌、词曲、戏剧紧密联系在一起。叙事无疑是中国艺术表达的重要动因。

西方的结构主义发端于 19 世纪，作为一种哲学思潮流行于 20 世纪 50—60 年代，结构主义是一种概括研究不同关系和各种变化的方法。西方社会进入 20 世纪后，人们开始注意追寻不同的叙事可能性，并对传统故事的叙述模式进行解构，俄罗斯著名民间文艺家普罗普（В.Я.Пропп）是故事结构分析研究的先驱，并引起广泛关注。1928 年普罗普《故事形态学》考察了阿法纳西耶夫故事集中 100 个俄罗斯故事，通过分析民间故事的结构，得出了 31 种构成故事的要素以及组合规律。人们的关注重点从人物塑造、情节内容转移到了叙事结构、交互形态上。

传统的叙事模式，或者说以线性为主的叙事模式长久以来被作为主流的叙事手段（也因为线性模式是最符合人的阅读习惯的），然而计算机的出现为叙事创造了无数的可能性，传统的叙事文本被认为是文本叙事类型中的一种特例。将计算机算法引入媒介艺术创作，意味着艺术作品将呈现出非线性、随机、遍历、混合以及交互的特征。与此同时，当人们愈发频繁地接触着计算机、移动终端或者各式电子屏幕中碎片化的信息时，或许在潜移默化中被改造着接受信息的方式。电影、漫画中的“蒙太奇”剪辑已经不为人所奇怪，也许有朝一日，人们甚至会习惯实验性短片中极端跳跃式、非逻辑化的语言。

在希区柯克导演的电影《惊魂记》（*Psycho*）中，将情节故意安排在影片前三分之一处就解决了主角，打破了所有传统叙事的原则，违背了观众心中有关虚构故事的道德情感准则。[1] 当人们习惯着“大团圆”“主角不死”“才子佳人”“英雄救美”等固定的故事套路时，近代、现代作家，编剧与导演也在有意识地打破这一套路。当反套路也成为新的套路时，随机性、遍历性就显现出它巨大的威力，不过与其将随机性看待为计算机特有的产物，不如说真正人世的复杂程度原本就远远高于故事与小说简化后的情节，而简化与复杂化二者间必然存在平衡和制衡的。

1 [美] 史蒂文·卡茨著，《从构思到银幕电影镜头设计》，世界图书出版公司北京公司，2010 年 4 月，第 143 页。

二、随机性

《陈书•徐世谱传》中有言："世谱性机巧，谙解旧法，所造器械，竝随机损益，妙思出人。"[2]古书中提及的"随机"多半是依照情势、顺应时机之意，而计算机算法中的随机（random）二字引申为范围内的一种不确定性与可能性，与随机对应的概念是遍历，遍历则代表着范围内所有的元素或可能性。

2［唐］姚思廉撰，《陈书》，北京：中华书局，2000年1月，第135页。

并非所有的艺术形态都能与计算机算法完美联姻，譬如文学并没有借此获取太大的成功，反是音乐由于没有严丝合缝的上下文逻辑要求，因而更适合计算机随机性的生成。

在计算机算法成熟之前，算法创作的形式便已经运用于音乐创作中。1787年莫扎特（Wolfgang Amadeus Mozart，1756—1791）发明了一种音乐骰子游戏，他利用两个六面骰子随机滚动形成的272个小节来编写小步舞曲和三重奏。这可以被认为是数学算法和音乐编曲相结合之艺术的雏形。骰子的随机滚动和用预定的小节建立的音乐曲式的组合，为作曲家提供着意想不到的灵感。

西方现代主义文学中风行于法国的新小说派（1953—1970）颠覆了传统现实主义小说的时空观和逻辑性，不注重塑造人物形象，对新的小说语言做出许多创新尝试，其叙述方法错乱无序，暗含人世荒诞之意。

《作品第一号》（图4-1）为法国著名新小说家马克•萨波塔所著，全书没有页码，如同扑克牌一般打散封装，读者可以按照自己心意决定故事的阅读顺序与故事长度，每次阅读都可以得到一个新的故事，150张卡片可以组成无穷多个故事的可能性。该书在1962年出版发行后，引起法国文坛和整个西方社会的广泛轰动。

1969年美国作家库弗（Robert Coover，1932—　）创作了小说《保姆》，意在诠释作者对于小说和社会的不同理解。小说由108个小节构成，仅以星号分割，读者可以随意将这些松散的段落拼贴重组截然不同的结局，整个过程如同虚拟的游戏，却又充满了现实的琐碎与混乱，这个过程中读者阅读的主动性被提高，但同

图 4-1 《作品第一号》

3 黄鸣奋著，《西方数码艺术理论史 1 数码编程的艺术潜能》，学林出版社，2011 年 11 月，第 89 页。

时故事的代入感则被减弱。

随着计算机的发展，随机数、排列组合等数学方法更是成了人类艺术创作的辅助工具，弥补着人类所思所想的局限性，但反过来说作出筛选、作出修改的依旧是人，"美"是因人而存在的，人的审美是艺术创作中无法替代的存在。

德国卢茨（Lutz，1932—2010）于 1959 年曾编写"随机文本生成器"，将卡夫卡小说《城堡》的 16 个标题和主词提取出来加以编程，根据程序生成的伪随机数使之重组，再由一定语法规则加以粘合，该算法理论上能够生成 400 多万个不同的句子，被认为是当代电脑文学已知的最早实验。[3] 实验由此生成的全自动文本虽然快速，但难以获得语法结构通顺的字句。虽然这只是一个早期极端的实验之作，但随着技术发展，未必不会诞生由算法直接生成的文学作品，如此我们不禁发问，机械化、数字化的种种发明已经给人带来愈发全自动的工作以及愈发全自动的生活，是否还会带来全自动的艺术，甚至是文学艺术？那么人在社会中究竟在扮演一种怎样的角色呢？

古代中国人的态度似乎是，不为技术而技术，不为艺术而艺术，为叙事而技术，为生活而艺术。

三、非线性

非线性与随机性在概念上有相似之处，但随机性强调了各种可能性的存在，而非线性则强调内容关联性和时空跳跃性，例如超文本是非线性的典型代表。超文本（hypertext）在狭义上指的是通过超链接的方法将各种不同空间的文字信息相互链接在一起的文本。相互链接的超文本在文本内容上相互关联，超文本的"超"便体现在超越了平面文本，跳跃在时空中的意味。例如网站网页、电子文档中的按钮、文字链接属于超文本。但在传统媒体时代，文献注释、字典目录、百科全书甚至对话都包含了超文本的特点，无论是结构或是内容，所谓的数字媒体下的特殊文本和传统文本总是有着藕断丝连的相关性。

非线性或说超链接并不是计算机时代下特有的，除了上文中提到的注释、对话、目录之外，插叙、倒叙、引用、化用也是非常典型的非线性文学手法，而且比起逻辑不通、语法不畅的随机文本，中国古代诗歌中的“引用”或“化用”是更富有艺术美感的“超链接”。在中国古代，方法只是表达的手段，而不是一种极端的可能性。

魏晋时期曹操《短歌行》中的“青青子衿，悠悠我心。但为君故，沉吟至今”，引用了《诗经·子衿》之句：“青青子衿，悠悠我心。纵我不往，子宁不嗣音？”宋代辛弃疾的《水龙吟·登建康赏心亭》中一句“树犹如此”，其典出自《世说新语·言语》：“桓公北征经金城，见前为琅邪时种柳，皆已十围，慨然曰：‘木犹如此，人何以堪！’攀枝执条，泫然流泪。”宋代晏殊《浣溪沙》中的“一曲新词酒一杯，去年天气旧亭台”，化用自唐代郑谷的诗“流水歌声共不回，去年天气旧亭台”。

这些引用、化用或借用原文意境或引申出新的意境，虽为“超链接”，却又不单纯是两处相同文字的链接，而是相似心境的链接。

这样的关联文本还可举例，比如古代小说的改写和续写，在今天也被称作为同人。元杂剧《西厢记》脱胎于唐代元稹所著《莺莺传》，明代小说《西游记》取材于《大唐三藏取经诗话》等民间话本，小说《红楼梦》更存有悉数不尽的续书与外传。这些文本之间借用了相同的人物或故事背景，从而根据新作者喜好、经历重新进行创作，也构成“超链接”的一种模型，形似于物理学中的平行世界假说。虽然极端来看，超文本会使得阅读混乱不堪，但如果我们不将“超链接”“随机性”“遍历”这些现代词语看成冷冰冰的计算机语言的话，其实可以发现它们与我们的艺术生活实则贴合得十分紧密，一切都在于人们如何使用，如何讲述故事，从而产生着多样化的体验。

过往的史官撰写通史，力图使历史成为一条连续的轨迹（例如各种编年史），但是与此同时也存在着列传、野史、传奇、风俗志等，线性文本或许是主流，但非线性的记叙从古至今皆存。福柯（Michel Foucault）认为：“不连续性曾是历史学家负责从历史中删掉的零落时间的印迹。而今不连续性却成为了历史分析的基本成分之一。”[4]譬如在说中国文学代表《红楼梦》的时候，究竟是在说《红楼梦》，还是在说中国文学？我们提及文学，则必称最优秀的文坛巨匠，他们是一个个顶点，挑起了整个时代的大梁，因此民族以他们为荣。但一本书是否能代表一个民族吗，一群人又能否代表一个世纪？以及除此之外的广大业余作家，网络写手，他们能代表所有的文学吗？当然，加上他们，必然能够代表更多人，但是，还不够。所谓的文学史，应当是所有的作者加上所有读者一起构成的，也就是计算机术语中所谓的“遍历”，而这一点，或许只有在当下的数字媒体时代方能实现。数字媒体、Web2.0 正使得人们正无线趋近于这样一种世界，古代由史官单方面记录下的历史，整洁连贯，恍若真相，而今天全民记录分享的现实虽然混乱无序，但有可能更接近事实。

4［法］福柯著:《知识考古学》，谢强、马月译，北京：生活・读书・新知三联书店，1998 年，第 9 页。

四、交互性

交互性叙事并非数字时代独有的产物，交互性叙事由来已久。吟游诗人叙述历史时需要和听众交流，原始舞蹈更需要部落成员间的成员互动，以此达到传播历史文化的目的。键盘、鼠标、按钮、游戏手柄、触摸屏等物理媒介为交互提供新的方式，互联网则使得信息可以同步传递。数码媒体的出现令交互性叙事重现它巨大的力量，交互二字看似新颖，但其实质是通过实体或虚拟媒介的中介使人们回到了面对人、面对社会、面对自然的一种手段。

“数字媒介诞生前的信息传播是单向的，人的个性和主动性消亡在媒介传播过程中。数字媒介的出现使双向传播成为可能。在信息交互时代，个人的思维方式、行为方式因交互而得到改变，传统的大众传播形式逐渐被分众传播所取代，个人选择和用户主导的信息传播和接受方式成为主流。从人际传播发展到大众传播是社会的进步，其表现特征是个人融入社会，融入国家；从大众传播发展到分众传播，是社会的又一进步，其表现特征是尊重个性，承认差异。数字媒介的个性化、差异化传播特征推动了社会从层级化向扁平化发展。计算机信息处理技术与无线移动通信技术的结合使信息传播的无处不在、无时不有成了可能。个性化的内容和人性化的形态将成为媒介发展的趋势，信息沟通无障碍的理想将是媒介形态和社会发展的共同目标。"[5]

5 熊澄宇著，《媒介史纲》，清华大学出版社，2011 年 10 月，第 9 页。

（一）交互文本

《选择你的冒险历程》系列（1979—1986）是美国作家爱德华·派克创作的历险故事图书。该套图书中以第二人称写作，运用交互式写作手法，读者本人作为故事的主角，根据前文线索与自身判断做出选择，极大地提高了阅读趣味性与主动性。比如读者决定回家，便翻开第四页；如果读者决定等待，便翻开第五页。

虽然《选择你的冒险历程》一书在形式上同前文中提及的扑克牌式的《作品第一号》十分相似，皆把故事的部分主动权交给了读者，但《作品第一号》或者《保姆》等书过于强调可能性而弱化了故事性，在非线性阅读的过程中依然给读者在心理层面造成一定的混乱。《选择你的冒险历程》保留了书籍的装帧，也就是保留了线性的阅读感，但同时加入了交互的形式，令线性叙述与读者交互同时存在，二者的结合更为合理适宜，其理念同计算机游戏，尤其是虚拟角色扮演游戏的剧情分支选项概念是如出一辙的。

（二）交互电影

传统电影以其巨大的屏幕给人以深入的沉浸感与巨大的压迫感，在长达一至数小时的影片播放过程中，观众只能被动观看，无法轻易逃离，是一种比电视、书籍更为强制的单方面文化心理灌输的过程。若是一部符合观众心意的电影，观众尚能全神贯注、津津乐道，但如果电影与观众期望相去甚远，那么在这漫长的时空之中，观众就可能感到无所适从，甚至呼呼大睡。

有关交互式电影的实验可以追溯到 1967 年蒙特利尔世界博览

会推出的交互式影片《自动电影》（*Kinoautomat*），由捷克斯洛伐克导演辛西拉（Raduz Cincera，1923—1999）编剧并导演。创作者设置了剧情分支线并由观众决定剧情走向。介于当时的技术条件限制，在电影放映过程中有一人站在荧幕前主持大局，127 名观众有 5 次机会根据大屏幕的左右两幅画面进行判断，并通过按红绿按钮决定情节分支。

基于计算机的制作方式与交互特征令电影与游戏的范畴日益重合，游戏亦可以做出与电影无二致的画面表现。《最终幻想Ⅶ：圣子降临》（2005）是日本史克威尔艾尼克斯公司推出的一部 CG（Computer Graphics）动画电影，改编自游戏“最终幻想Ⅶ”。该电影采用了当时最先进的动画制作技术，说明当时 CG 动画的制作水平与画面精度已经可以达到以假乱真的程度。

在数字媒介时代下，观者在叙事作品中的地位显得愈发重要。比起电影，更加明显体现这一点的媒介是基于各平台的电子游戏。

（三）交互游戏

交互仿佛是游戏与生俱来的特质，现代电子游戏的交互类型多种多样，例如对话、移动、跳跃、破坏或消除、选择分支、触发过场动画、实时战斗、战棋式战斗、回合制战斗、收集道具或人物、生活建设、培育养成，等等。通过丰富的互动手段，以达到令游戏者沉浸于游戏世界的目的。

如此丰富的交互方式并非一日造就的，从第一台游戏机的诞生开始，交互就与之相伴而生，世上没有不交互的游戏。如果我们回顾游戏机的诞生历史，就会发现交互是游戏永恒的核心，一款游戏它可以没有剧情，却不能没有交互。

电器工程师小托马斯·T·戈德史密斯（Thomas T. Goldsmith Jr.）和艾斯托·雷·曼（Estle Ray Mann）发明了第一台视频电子游戏机“阴极射线管娱乐装置”（Cathode Ray Tube Amusement Device，简称 CRTAD），于 1947 年 1 月 25 日申请专利。第一台游戏机和第一台计算机在形态上有许多相似之处，其占地 160 平方米，重达30吨，造价45万美元，宛如由电子管拼装而成的巨大衣柜。玩家使用旋钮调整导弹方向和速度，轰炸飞机得分。CRTAD虽然并无太多的可玩性，但它标志着电子游戏的诞生。

1958年美国物理学家William Higinbotham博士用计算机在圆形的示波器上制作出一个网球模拟程序，并把它命名为“双人网球”（Tennis for Two）。

图4-2　双人弹球游戏《乒乓》

值得注意的是，最早游戏机的开发者都是参与军事研究项目的专家人士，最先进的科学技术往往首先运用于军事、医学等尖端核心领域，而后技术成熟之后慢慢扩展运用在游戏、动画等娱乐服务行业中。最早的游戏机的出现可以说只是科技人员打发时光的偶然之作，并未想过以此量产赚钱。

1962年《太空大战》（Spacewars）是世界上第一款娱乐性质的电子游戏。双方玩家能够使用各种武器攻击对方的太空船，同时避免碰撞星球。然由于硬件成本太高，并未能大规模销售。

1971年第一款上市销售的商用游戏《计算机空间》（Computer Space）诞生，它由雅达利（Atari）公司创始人诺兰·布什内尔（Nolan Bushnell）和泰德·达布尼（Ted Dabney）开发。1972年雅达利公司的创办人布什内尔及达布尼推出一款名为《乒乓》（PONG）的双人弹球游戏（图4-2），后来成为第一款成功商业化的家用视频游戏机，也是街机的滥觞。《乒乓》的成功案例引得各路公司竞相模仿，推动了整个视频游戏行业的发展。

1972年之后，一直如同涓涓细流般的游戏历史开始渐渐变得有些波澜壮阔，数字游戏公司如雨后春笋般涌现出来，世嘉、暴雪、育碧、任天堂、索尼、微软等今天耳熟能详的游戏公司或成立或起步或走向成熟，反是最初发声的雅达利公司逐渐走向了衰微。从街机、家用摇杆、家用手柄、电脑游戏，到便携式游戏机等游戏机纷纷发行，手游的火热则是21世纪掌媒时代下对游戏历史的新注脚，VR装备、AR技术的问世又开启了游戏的虚拟现实时代。游戏类型不断丰富，角色扮演类游戏（RPG，Role-playing Game）、动作角色扮演类游戏（ARPG，Action Role Playing Game）、大型多人在线角色扮演游戏（MMORPG，Massive Multiplayer Online Role-Playing Game）、动作类游戏（ACT，Action Game）、冒险类游戏（AVG，Adventure Game）、模拟类游戏（SLG，Simulation Game）、格斗类游戏（FTG，Fighting Game）、第一人称射击类游戏（FPS，First-person Shooter Game）、竞速类游戏（RAC，Racing Game）、卡片类游戏（CAG，Card Game）等不一而足。而这一切，都是从那个来回弹跳的小球开始的。

随着技术的改进完善，用户对于游戏的介入也愈发深入，交互形态不再局限于开发人员提供的手段，而能根据一定的开源代码进行游戏的改造。1989 年，卡耐基 · 梅隆大学的博士生阿斯帕内斯用 C 语言写作了面向 UNIX 的 TinyMUD，并在 8 月 19 日将这款游戏介绍给朋友们。TinyMUD 允许用户以打字的方式相互交谈，并访问程序的源代码。开发者所关注的是与虚拟世界创造性扩展有关的活动，而不是在其中为权力而竞争。[6] 游戏从开发者的游戏，变成了所有人的游戏。

6 黄鸣奋著，《西方数码艺术理论史 4 数码文化的艺术影响》，学林出版社，2011 年 11 月，第 1024 页。

技术与内容的强强联手总能爆发出强大的力量。借助移动终端 GPS 地图、AR（增强现实）技术以及优质人气 IP（Intellectual Property，知识产权）三者合一，AR 宠物养成对战类 RPG 手游《口袋妖怪 Go》（Pokémon Go）（图 4–3）在 2016 年引爆了全球范围内现象级的手游轰动效应，成了美国迄今为止用户人数最多的手游。这款游戏将全世界的每一个角落纳入游戏范围，令玩家在真实世界内行走从而相遇捕捉“小精灵”成为可能，几乎真实还原了《口袋妖怪》的世界观。比起在电视上观看动画片，或在掌上游戏机的小屏幕里打怪，AR 手游调动了人的四肢五官，大大增强了人在游戏中的参与度与社交性。甚者《口袋妖怪 Go》转变了传统广告的投放模式，只要于无形之中将小精灵的出现位置投放在赞助商门店，就能达到商家吸引人流的目的而不破坏游戏体验。例如日本麦当劳与《口袋妖怪 Go》合作，其实体店将变成游戏中的

图 4–3 “口袋妖怪 Go”界面

道场或是商店，玩家在该实体店中可以购买虚拟游戏中的补给品，收集道具，捕获特殊的小精灵，等等。

游戏技术、交互手段正以日新月异之速朝前发展，但优秀的游戏题材、游戏概念却是一件历久弥新的武器。

第三节　拓展空间

互联网最早是由美国国防部研究计划署（ARPA）于 1969 年建立的，首先用于军事连接，以减少军事指挥控制系统受攻击所带来的危险，虽然难以和今天的全球互联网信息大繁荣联系在一起，却毫无疑问是局域网的雏形。TCP/IP 协议、交换机、路由器、调制解调器、电话线、光纤等配套设施的完善逐渐使互联网逐渐走入了千家万户。光纤之父高锟完成了互联网传输速度的飞跃，全世界进入了光纤网络通信的新纪元。今天人与人之间交织密布着无数无形的网，这些看得见的、看不见的“网”几乎连接着社会中的所有人。过去人们想要到达远方可能需要坐着骆驼穿越沙漠，乘着海船远渡重洋。陆上丝绸之路、海上丝绸之路也好似一张张松散的网络，联络着东西两侧的文化与贸易，其作用和当下的互联网、物流网实则并没有太大的出入，而只有实效和程度的差异。就是这样“两条漫长的道路”，联系了中西多国超越千年的历史文明。

今天，计算机改变了信息的存储方式，互联网改变了信息的交互方式。人类进入 21 世纪后，能够获取的信息相比起千百年前甚至数十年前呈几何式增长，传输速度加快，所占空间却又减少。数字媒体的出现使得现实世界的物理空间被重新分配。一个信号在古代要通过烽火台连接方能最快到达，而今天的光纤瞬时即到且承载着海量信息。据人民网舆情监测室《2014 年中国互联网舆情分析报告》，2014 年新浪微博、腾讯微博日均发帖 2.3 亿条，QQ 日均发送 60 亿条，微信日均发送量达 160 亿条。[7] 无线网络的信息传送量同样惊人。

7 人民网：《2014 年度舆情报告：网络舆论载体的变化和媒体融合》，2014-12-31，http: //yuqing.people.com.cn/n/2014/1231/c354318-26305947.html

实际上，人类进入了一个新的时期，也即物理空间与虚拟空间并存拓展的新时期。物理空间与虚拟空间并存与拓展，既充满了矛盾与竞争，更需要互利与制衡。在人类精神文化的层面，更多地表现为如何处理好继承优良传统与发展创新未来的关系。数字媒介一方面把人与人的距离拉近，另一方面又把人与人的距离推远，沉浸于虚拟世界的人们反而对日常生活不屑一顾，密切的网络交往教人忘记了如何面对面交谈，漫无边际的公共空间亦让国家权力鞭长莫及。

新的人机界面的出现，预示了人类已经开启新的空间（虚拟空间）作业，即将对于物理空间的权力、经济及资源做重新的定位或整合、转移。比如，大量的网购迫使一些超市关闭。人们出行不需要再提前排队购票等。人类生活的基本需求并未发生本质的改变，而是在如何给予与如何得到方面正在寻求更加便捷的途径。所有考虑仍然是基于以人为本的。

第五章　悄然而至的掌媒体时代

第一节　屏幕与纸张

数字文本主要是指以计算机为技术基础的文本，是第五次信息革命的产物。人类在经历了各种以手工刻画或书写于某种材料之上的文本创造之后，进入这种全新的数字文本的创造与开发。数字文本主要有以下五种分类：

1. 电子文档文本。主要指通过编码使得文字能够以“文字形态”跃然于屏幕之上的文本。各大门户网站、资讯平台、社交媒体以及文字编辑排版软件中的文本都属于此类文本（图 5–1），这些文本在本质上并未改变传统文字的阅读模式，其也可以通过印刷方式获得纸质文本。

2. 三维打印文本。通过三维打印技术生成的文本是对传统雕版印刷及活字印刷技术的升级创新，它通过电脑建模并逐层打印得到实体模型，从二维平面脱胎至三维实体，成为一种雕塑语言

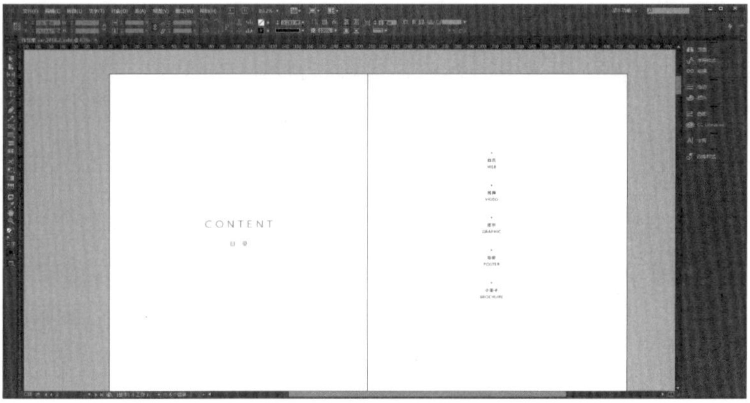

图 5–1　计算机图文排版软件（Adobe Indesign）

图 5-2　三维打印（周洪涛作品）[1]

1 Zhou Hongtao, hongtao zhou extrudes typography into 3D-printed textscape, 2015-01-13, http://www.designboom.com/art/hongtao-zhou-3d-printed-textscape-extruded-typography-01-13-2015/

（图 5-2）。

3. 影像文本。覆盖于电影、影视节目、音乐录影之上的字幕属于此类文本，它是对视频语言的补充，加强或弥补观众对视频画面与声音的理解度。在多元文化交流盛行的今天，人们对于字幕的依赖或许远胜于过去的戏院时代。

4. 虚拟文本。虚拟现实（Virtual Reality）（图 5-3），增强现实（Augmented Reality）（图 5-4），混合现实（Mixed Reality）是营造虚拟环境的三种方式，虚拟现实是完全的计算机仿真世界，增强现实则将虚拟世界叠加于真实世界之上，混合现实则能令虚拟世界和真实世界二者相互交互，打破二者界限。在虚拟环境下生成的文本属于虚拟文本，该文本使得虚拟世界的存在更为可信，加强人的沉浸式体验。

5. 交互文本。计算机、手机终端界面上的按钮文本（图 5-5），超链接文本都属于交互文本，人们通过点击或触摸交互文本进行导航与跳转。交互文本是网页、软件、游戏的重要语言。新技术的发明与普及使得人类的艺术表达接受着各种文本变革带来的挑战。工程师让文字及图像通过编码转换从而显示于不同载体，而艺术家更多地乐意去尝试对文本的创意表达，寻找着新媒体环境下文本表达的潜能。

不同的文本源自不同的语言体系，因而拥有不同的表达方式，歌唱、说话是声音语言，文字、绘画是平面语言，电视、电影更偏重一种蒙太奇的剪辑语言，而虚拟现实语言则更讲求人的想象空间与创造空间。

图 5-3　Tilt Brush（谷歌虚拟现实绘画软件 基于 HTC Vive 头盔）[2]

2 Tiltbrush，2016-07-08，https：//www.tiltbrush.com/

图 5-4　混合现实概念图（Magic Leap 公司）[3]

3 Magicleap ，2016-07-08，https：//www.magicleap.com/

印刷媒体一直以来强化着文字表达的中心地位。数字媒体兴起之后，人们对于文字的关注减弱，对图像和视听影像的关注加强。无论文字或影像，都被数字化、网络化于轻薄的屏幕中，且精度正在不断提升。相较于抽象的文字，理解影像显得更为直观轻松。走进上海的地铁车厢，可以看到只要不是年龄太大的市民，几乎是人手一部手机，或看剧集，或打游戏，或看小说，或者聊天，“屏幕”成了都市人生活中不得不面对的存在。数字媒体，尤其是智能移动终端的普及，已经悄然改写了人们的生活方式。《人民网舆情监测室：2015 年互联网舆情分析报告》数据显示，2015 年上半年，中国网民达 6.68 亿，手机网民规模达 5.94 亿，使用手机上网人群达到网民总数的 88.9%。中国网民人均日上网时长，是成年国民人

图 5-5　苹果手机界面

均每天阅读书报刊的 4.3 倍。当代中国人正在从读书的一代人，转向读手机的一代人。[4]

4 人民网，《2015 年互联网舆情分析报告：网络舆论版图的变化》，2015-12-24，http：//yuqing.people.com.cn/n1/2015/1224/c401685-27972437.html

然而即使如此，文字还是文字、声音还是声音、故事还是故事、人还是人，艺术价值与人文价值不以媒介的变化为转移，信息科技的本质依旧是为人服务。挑战虽然存在，但路也同样存在。

在掌媒时代下，信息交流碎片化移动化，讲求"短平快"，"微信""微博""微小说""微视频""微电影"成了流行的传播方式，通过掌媒人们随时随地同全球信息进行交互，这与原本大众传播模式下单对多且精雕细琢的单向传播形成对比，改变着更迎合着现代人的信息接收习惯与交互习惯。例如，建党 95 周年之际，新华社推出微电影《红色气质》，由于是在手机上播放，其传播速度及收视率都达到了空前的高指数。微电影时长通常在 30 分钟以下，适合移动状态下播放，比起动辄一两小时的电影，具备更快的传播效率和更低的宣传成本。

智能手机的普及为社交媒体和自媒体发声平添双翼，普通人即可通过互联网生成内容并分享给其他人，无须通过专业机构，亦不需要专业资质。维基百科、知乎、新浪微博以及各类论坛、博客、视频分享网站都是典型的用户生成内容平台，这些网站提供服务，其内容全部交给用户完成。例如维基百科是人人可编辑的自由百科全书，于 2001 年 1 月 15 日正式上线。第一年，普通人创建编辑超过两万条条目，13 年后成为全球第五大网站，拥有 287 个语言版本，10 亿使用者，1 600 万编纂志愿者，超过 3 124 万条词条，是不列颠百科全书的 260 倍。凯文 • 凯利（Kevin Kelly）将这一现象精辟总结为"蜂群思维，众愚成智"[5]。且众人的智慧与专业的智慧在互联网中共存，并行不悖。

5 [美] 凯利著；东西文库译，《失控：全人类的最终命运和结局》，北京：新星出版社，2012 年，第 9、61 页。

在互联网时代下，人人皆可发声，却不意味着人人皆可盈利，网络小说人人可写，但只有人气小说方有可能经过大数据和编剧的双重筛选进而改编进入电影电视市场。文化工业依旧有它存在的合理性，因它毕竟迎合大多数人的喜好。大量电影、电视剧、自制剧都由小说、游戏等热门 IP 改编而来，2011 年热播剧《甄嬛传》改编自流潋紫同名网络小说，2015 年热播剧《琅琊榜》改编自海宴同名网络小说，皆获良好口碑，并被海外引进播放。《甄嬛传》共 76 集，《琅琊榜》共 54 集，那么庞大的剧本文本，如果不是经过细腻打磨，是无法获得观众的持续关注的。改编成功的 IP 进而挺进手游、网游、漫画等领域，相互穿插形成更为庞大的利益链。网络剧的主要播放媒介是电脑、手机、平板电脑等网络设备。相比传统电视剧，网络剧需要的审核时间更短，制作成本更低，不受播放时间的限制，可以随时随地观看。

图 5-6　维基百科

虽然文化工业依旧独占鳌头，但个性化的内容不断丰富着现代人的视野，Web2.0 时代下个人创作为不同人的喜好作着最大程度的扩充。众口难调的文化工业将会同自给自足的“小农文化”互补并生，且工业文化为小农文化提供着源源不断的养料。某些视频分享网站上有专门的原创视频分类，这些原创视频题材内容大部分都来自动画、游戏、电视剧，经过二次编辑过后，可能形成截然不同的故事与理解，实则是一种二次创造。人人皆可剪辑、人人皆可评论，每一个人都能轻而易举地消解文化工业的光辉。例如 MAD 或 AMV 指的是利用一部或多部动画素材，对其画面与音乐进行重新剪辑的视频。MMD（图 5-7）是 MikuMikuDance 的简称，

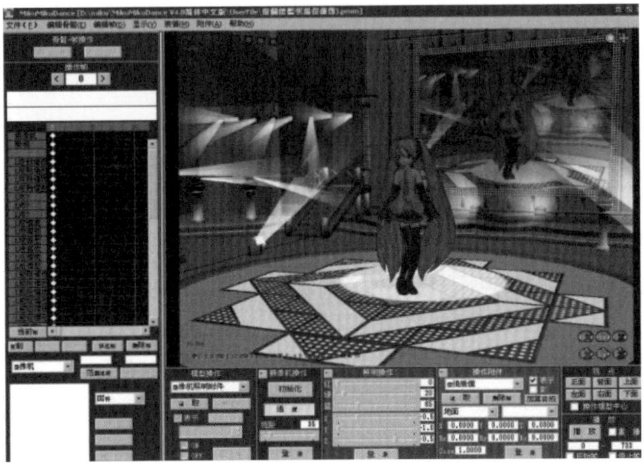
图 5-7　MikuMikuDance 3D 模型 MV 制作软件

图 5-8　Vocaloid 歌声合成软件

它是日本人樋口优开发的一款供用户制作 3D 人物模型的免费软件。用户运用这一软件可以设计不同的 3D 人物模型，在时间轴上为其配上不同的舞蹈动作，结合音乐，制作一段如同真人 MV 的 3D 动画。“手书”指的是通过手绘制作的短片动画，通常帧频较低或为静帧切换，配以背景音乐。Vocaloid（图 5-8）是一款歌声合成应用软件，用户可通过输入歌词和旋律的方式让软件生成唱词，配合加载伴奏数据来完成整首音乐制作，无需真人歌手参与录音。游戏攻略视频及解说视频、歌曲翻唱、乐器翻弹等都是一种二次创造。

之所以说是小农文化而非小众文化是因为前者更加强调每一个人的创造力与生产力。撇开盈利或收益的差别，职业人士与业余人士的区别正逐渐减小，Web2.0 乃至 Web3.0 的存在意味着个人创作更容易发表，如果说电影电视的创作发行依然需要一定的成本，那书籍的自我出版已经不再是难事。创作者不再需要通过编辑或把关人的认同，而可以直接将自己的作品出售给读者。人们为之付诸的实践最早可以追溯到 20 世纪 80 年代提出的“仙都”出版系统。[6]

6 Lowes. The road to Xanadu：A Study in the Ways of the Imagination. Boston：Houghton Mifflin，1927.

超文本概念的命名者纳尔逊（Nelson，Ted H）曾在网上创立在线超文本商业出版系统“仙都”（Xanadu）。“仙都”就像一个庞大的在线图书馆，所有用户都可以在其中找到想要的资料，资料不局限于文本、图片，也包括声音和视频，并根据情况进行收费以解决版权问题，进行在线商业出版。

纳尔逊的“仙都”系统是一个极端理想化的出版平台，并未取得成功，但引发了后来人对于信息共享、知识版权的深入探讨。网络出版是 21 世纪更为接地气、可实现的出版手段。

网络出版，又称互联网出版，狭义的网络出版是指具有合法出版资格的出版机构，以互联网为载体和传播渠道，出版并销售数字出版物的行为，包括已出版和未公开发表的作品。广义的网络出版则指个人将原创作品或二次创作作品发布在互联网供公众浏览、使用或者下载的在线传播行为。

网络出版带来了按需印刷——可以根据实际、精确的需求一本书一本书地印刷，因此，按需印刷又被称为“一本书印刷”。1998 年，美国最大的图书批发商英格拉姆的闪电印刷公司对按需印刷 POD（Print on Demand）的率先使用，宣告了图书出版发行业走进了“按需印刷”的时代。[7]

7 熊澄宇著，《媒介史纲》，清华大学出版社，2011 年 10 月，第 190 页。

美国网站 lulu.com 是一个新型的 DIY 出版商。用户支付不到 200 美元就能实现实体书出版，同时配有 ISBN 号。一本书一次的印量可能只有数十本，而且存货可以根据需求数量随时印刷补充，完全做到按需出版。[8]

8 [美] 克里斯·安德森著，《长尾理论 2.0》，北京：中信出版社，2009 年 5 月，第 75 页。

由此一来，作者与读者的界限日渐模糊，作者引发读者创作，读者的创作行为引发更多的创作与购买行为。读者可能成为文化工业的生产者、传播者与反叛者，而非单一的消费者。此时作为文字的媒介形成了更广泛的交互。艺术表达形式的丰富多彩似乎靠职业艺术家是远远不够的，不知不觉许多人都参与到艺术策划与艺术创意的活动与行为之中。

中国 21 世纪尤其是自 2010 年左右以来的同人热可谓这一现象的注脚，这与 Web2.0 的兴起是分不开的。同人一词最早出现于《易经》第十三卦的同人卦，是为集合群众，意志相通之意。[9] 20 世纪以来，“同人”一词拥有了新的含义。狭义上，有学者将同人的含义概括为：“引用他人作品中的角色、世界观等元素为创作背景或者以现实生活中的知名人、物为基础进行二次创作产生的与原作无关或部分无关的作品。”[10] 也有学者认为，同人作品是“同好者在原作或原型的基础上进行的再创作活动及其产物”[11]，从广义上来说，凡是通过二次创作所创造的任何形式的产物，都可以叫做同人。

9 于春海编，《易经》，吉林：吉林文史出版社，2006 年，第 50 页。

10 陆佳佳，《同人作品的知识产权冲突问题探讨》，上海：华东政法大学，2012 年，第 5 页。

11 龚琳，《同人二次创作作品的著作权性质分析》，吉林：白城师范学院学报，2012，26（4），第 41 页。

如果说热门原作占据文化消费需求曲线的头部，那同人作品就是其长尾的无限延伸。长尾理论认为：“文化和经济重心正在从主流产品和市场转向大量利基产品和市场。”[12] 但鉴于同人这种特殊的文化“寄生”现象，我们可以发现，需求并非单一向尾部转移，而是双向促动。在互联网环境下，同人作品的制作成本降低，信

12 [美] 克里斯·安德森著，《长尾理论：为什么商业的未来是小众市场》，乔江涛，石晓燕译，北京：中信出版社，2015 年，第 55 页。

息的传播搜索方式日益便捷，购买渠道愈发多样化。全流程体现出互联网时代下“众包”的社会化生产方式。众包的中心思想即通过庞大而多样化的劳动力群体提出更好的解决方案。[13] 在这种社会生产的过程中，酬劳的重要性被降低，热情是其首要动力，才能、想法或者劳动力是其形式。无论是同人读者、创作者还是普通爱好者都可以参与众包的过程。

13 [美] 杰夫·豪著，《众包：群体力量驱动商业未来》，牛文静译，北京：中信出版社，2011 年，第 31 页。

同人或同人作品被文化研究者认为是大众文化的一种，是工业文化的衍生产品，在不久之前还难以广泛生产与传播。如今，依托社交平台的发展、印刷成本的降低以及物流行业的成熟，同人作者不仅在创作上可以独立，而且能做到自我传播、自我出版。同人作品的人物原型通常来自有版权的漫画、动画、小说、电影、游戏等，其创意并非百分百来自创作者本人，但创作者通过独立思考、结合自身知识与经历所创作出的各类作品，也确实是独一无二的。从这个角度来看，同人是有创意的，只不过这份创意总是要划分一席之地给原作者。而关于版权之争的探讨与解决，其他论文多有详细阐述，例如 CC 协议（Creative Commons）等。在中国，同人创作整体印量少，受众面小，同人出版的版权问题尚处于默许的灰色地带中。

同人本的制作流程包括：画稿或写文、发布信息、印量调查、赶稿、校对、排版、联系印场、联系物流、联系会展代理社团、场贩及通贩（即通过线下展会或线上网店售卖）等，可谓麻雀虽小五脏俱全。Web2.0 提供了最佳的找人平台，例如网易 LOFTER 根据用户兴趣所在，通过大数据建立每个用户独有的兴趣圈。其创立主旨为“与自己有相同兴趣的人自由交流、进步”，这与同人精神正相吻合。新浪微博对发布文字数量 140 字限制，但是易于建立更加广泛的交际圈。网易 LOFTER 与新浪微博除网页平台外，都拥有跨平台的移动应用，不似传统平台只有网页端。Web2.0 时代下的各种新型社交平台诞生，使得同人圈子的形成更加容易。作者可在各大社交平台与兴趣小组中找寻合适的帮手，与他人共同合作完成作品。为了防止积压，大多同人创作者在批量印刷作品前会发布试阅或全文，并对读者进行印量调查（如微博投票），或于网店采取预付的形式，根据预付量适量印刷，即按需出版。读者协助作者参与调查，以期减少双方损失。

网易 LOFTER、新浪微博的个人主页是生产同人作品的平台，也是发布售卖信息的平台。粉丝间相互推荐与转发，是互联网时代下的“口耳相传”。同人展会举办前是信息发布的高峰，除了社交平台外，天窗联盟、同人展官网与展会官方 APP 也同步更新信息。天窗联盟是一个集同人作品、同人社团、同人展信息为一体的资讯类网站。读者可通过各方渠道搜索最新的作品信息与购买渠道，不至于在“茫茫大海”中寻觅不到心仪的作品。

由于同人创作原非商业目的，因此在贩售前后同人创作者通常会将图文内容完整地发布到网上，实际上已经完成了电子化的过程，但读者依然对实体书趋之若鹜，这一现象也可以从侧面反映新旧媒体之间的关系并非断裂的。究其原因，首先，实体书具备一定情感价值及收藏价值，其次，同人展会为购买行为赋予了社交性与娱乐性。同人展是自民间发起，由爱好者以非盈利目的售卖同人作品或原创作品的展会。同人展最早起源于 20 世纪 70 年代日本的 Comic Market（コミックマーケット），中国的各方同人展大体上借鉴的日本 Comic Market 的形式。如今在中国举办的大型漫展主要有动漫游戏综合类展会 CCGEXPO，以及展会内容偏重于游戏的 ChinaJoy。这些漫展与同人展最大的区别在于，前者以商家对商家（B2B）、商家对用户（B2C）的定位为主，而同人展服务的卖家与买家都是个人，即以个人对个人为主要定位，商业摊位为辅。截至 2015 年 6 月 20 日，根据天窗联盟（同人作品、同人社团、同人展资讯网站）在线数据显示，从过去 2012 年 1 月 12 日至 2015 年 6 月 20 日，三年半来在该网站登记的同人本数达到 17982 册。全国在该网站登记的同人社团数达到 3506 个。而从 2015 年 6 月 20 日开始到 2016 年 11 月 14 日为止，全国在该网站有预记录的同人展数量达到255个，包括综合类同人展、单一主题同人展，以及形式不一的茶话会、游园会，等等。同人展也称同人祭，“祭”一词表达了同人展的形式，人们游走祭典摊位，形如部落狂欢。同时这些展品由个人或团体制造生产，形制特殊，范围小众，有购买时间、地域、数量的限制。同人展仿佛使人们重新回到了部落和手工业时代，区别在于过去以地域划分，如今以兴趣划分。同人展是同人作品的销售平台，更是同好间的交流平台，买书只是目的之一，与作者交流、求取签名签绘、感受现场的氛围，这都是同人展的附加值。当一本书通过读者花费大量的时间精力购买，而图书本身也是创作者不求回报制作出来时，这本书便与标准商品不再一样，而是融入了情感的载体，也因限量具有一定收藏价值。在这一天里，所有的同人与原创作品，分门别类设摊，聚集一堂售卖，形成一种聚合狂欢效应。

与此相似的例子还有音乐节、演唱会等。即便是处于信息社会的今天，或者说越是处于信息社会的今天，体验与情感便显得愈发不可替代。身处互联网普及的现代社会，我们很难再想起过去想要同远方之人联系有多么困难，频繁的通信充斥的是工作的辛劳，而非连接起他乡的感动。

无论是手抄文字、印刷文字、画像、摄像或是录像，都包含着人对时间或空间的对抗，以期文明或记忆能够保留流传于世，数字媒体也是同样。如果电子邮件、手机这样的通信手段以及火车、飞机这样的交通工具的产生仅仅加速了人类生活的速度，而没有改善人类生活的质量，反而生活得更加劳累和麻木，那科技可能就失去了它最大的价值。

“计算机革新的消极方面之一是替代人类直接交流的程度，对许多消费者来说家庭娱乐中心已经取代了影院，电子邮件已经取代了电话（后者取代了走亲访友），而电脑游戏减少了玩家与真实世界的接触，即使是照片形式的。电脑改变了影像的获取、制作和处理方式，甚至会让人上瘾。然而从技术上来说，不应该替代对真实世界的观察、与真实世界的互动。”[14]

14 [美] 史蒂文・卡茨著，《从构思到银幕电影镜头设计》，北京：世界图书出版公司北京公司，2010 年 4 月，第 87 页。

总而言之，在计算机时代、掌媒时代甚者大数据时代下，并不如简单所想地走向了完全数字化、标准化的生产模式，也非一味求快求简。新事物的出现总是存在两面性，即便三维打印能够分毫不差重现模型，人们依旧向往手工制作的拙美，即便大数据能够反映以及预测人的喜好，也无法代替人类发现感受自然美景的心灵，即便慕课最大程度地普及着知识与科技，孩子依然需要学校的社交生活和学习生活而非单纯的网络授课。平衡科技、媒介与人类的内心诉求是使用好媒介的重大前提，否则终有一日人类将不堪成几何式增长的信息负担，在被重重洞悉了心理之后想不起最初作出如此选择的理由。

第二节　屏幕媒体的生态与环境

21 世纪虚拟的数字空间形成了新的公共领域。虽然我们称其为虚拟空间，其本质仍然是实实在在的物理空间。哈贝马斯的著作《公共领域的结构转型》探讨的是自由主义模式的资产阶级公共领域的结构和功能。公共领域即是人们集中活动与发表言论的场所，也即指重要的社会特定场所。由于网页数的不断增加，各种社区网站无不显示出它们存在的中心地位。热议的话题继而不断深入而扩大的话题，没有什么可以再比它能代表民主的看法，自然对推动社会的民主化将起到相当大的作用。因而，哈贝马斯对公共领域的产生和演变所作的分析，在一定意义上同样可适用于虚拟群体，实际为真实的群体。微信朋友圈、微博、论坛、视频分享网站、网络游戏都是新的虚拟公共空间。

借助于网页编程技术的发展，出现了弹幕这样的媒介，弹幕一词原为军事用语，现又指一种新兴的网络视频评论形式：评论文字即时在网络视频画面中滚动而过，由于其字幕效果与弹幕游戏中的子弹效果相似，因而被网友称为弹幕。弹幕播放器窗口也

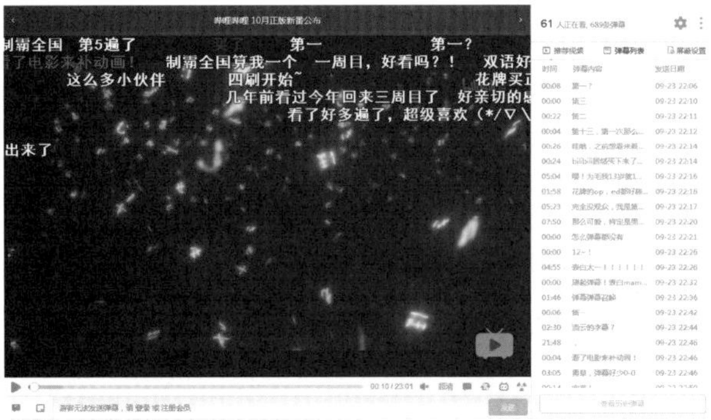

图 5–9 弹幕播放器窗口

是虚拟公共空间的一种。这种匿名即时、一闪而过的评论方式像是纯粹的狂欢，娱乐的盛宴，满足观者的吐槽与表达，达到情绪的共鸣与释放。基于其表达的特征，弹幕首先流行于动漫游戏视频和动漫游戏爱好者之间（图 5–9）。

用户使用播放器播放视频时，能够发表实时评论，其字幕将会直接呈现在播放器窗口上。这些弹幕一经发布便储存在服务器中，每次播放器初始化视频时会同时载入历史弹幕数据，将这些弹幕按照发布的时间顺序一一覆盖在播放器上。所有的评论文字都与视频的时间轴相匹配，实现了无时差评论，比起传统的跟帖评论模式，弹幕评论更具时效性，能够直接反映用户的心理情感，给予视频内容最及时的反馈。当弹幕越多后，观看的丰富性随之增加，弹幕的数量成了组成视频内容的一部分。虽然这样的反映有可能是碎片化的，快速消耗的，但是弹幕评论的特点在于其娱乐性与共享性。正如费斯克乐观的受众理论所言，其核心是流通意义与快感的积极过程。[15] 当视频内容本身不吸引人时，观看弹幕内容成了比观看视频内容更有乐趣的事。由于观者对视频产生共鸣的时间点往往接近，使得观者感到自身与许多人身处于同一空间中。

15 [美] 约翰 • 费斯克著，《理解大众文化》，王晓珏、宋伟杰译，北京：中央编译出版社，2001 年，第 28 页。

弹幕网站的受众群大多是对动漫、游戏有着兴趣爱好而聚集在一起的一群人，部分人群为重度爱好者。网站的内容并不仅仅由片源构成，对动画片、游戏、电视剧、电影及小说二次解读后的视频是网站的重要组成部分。弹幕评论和原创视频二者一同构成了弹幕视频文化，因而网站视频以“二次创作”或“原创”为主。原作仅仅提供了资源，而对原作的衍生创作比原作更具原创性和多样性。如果说动画的意识形态统治了受众的思想，那么受众的观点也入侵了意识形态本身。这种对抗是双向的。德国媒介学者恩岑斯・贝格尔认为：“媒介是被操纵的，没有一部不受操纵的作品，区别只在于受到谁的操纵，革命性的想法不应该废除操纵者，而是让每一个人成为操纵者。”[16]

16 [美] 阿瑟・阿萨・伯杰著,《媒介分析技巧》, 李德刚、何玉译. 北京: 中国人民大学出版社, 2005年, 第63页。

在弹幕视频播放器中，常常能够看到多方聊天或争执的场景，亦会有粗俗和极端的言论出现。世界是一个大社会，弹幕网站是一个小社会。从网站往外看，网站与主流社会形成意识形态的对抗，但从网站内部看，不同的视频，视频内部的弹幕也形成不同的意识形态，他们之间也形成不同甚至是对立的情形。在弹幕网站有一词叫做“引战”，通常指的是由于一言不合、观点不同从而在弹幕池中形成的争执。葛兰西的文化霸权理论认为，社会由各种相互竞争的意识形态构成，他们相互争夺霸权。[17] 这段文字虽然用于描述政治、媒体或者文学，但用于解读弹幕视频网站也十分合适。然而，互相否定并无益处，正如马尔库塞所言，相互承认是自由的实在性的试金石，条件则是宽恕和和解。

17 [英] 奥利弗・博伊德—巴雷特，克里斯・纽博尔德著，《媒介研究的进路 经典文献读本》，汪凯、刘晓红译，北京：新华出版社，2004年，第404页。

在网络公共空间中存在着混乱和无序，也存在着理智与民主。

2014年10月1日，哔哩哔哩弹幕网（以下简称bilibili）站长启动“新番承包计划”，正式宣布网站开始购买正版版权，并且用户可以自愿为动画版权出资。截至2015年1月6日，该贴已累计12562条评论，调查是否加入贴片广告的投票贴累计6831条评论。用户自发为bilibili购买新番动画是否加贴片广告一问展开了激烈讨论，广大用户的反应表达出了他们对于bilibili文化的认同度和参与网站建设的积极性。在这里，他们的语言表达回归了正常的语义，与稀奇古怪、“丧心病狂”的非理性弹幕评论形成对比。哈贝马斯提出“公共领域”的概念，“公共领域原则上向所有公民开放。……他们在非强制的情况下处理普遍利益问题时，公民们作为一个群体来行动……可以自由地表达和公开他们的意见。”[18]在这个全员讨论的过程中，形成了一个自由参与，身份平等，以理性为核心的公共空间。bilibili 只是一个以娱乐为主的站点，不敢说有什么公民社会、公共舆论的存在，况且用户中还有许多未成年人。但由此也可见，动漫、游戏未必剥夺人的判断力，一部分人可以清楚分辨现实世界与虚拟世界的界限，并且明白只有通过现实世界的法律或商业手段才能够令虚拟世界的文化得以维持。

18 汪晖，陈燕谷主编，《文化与公共性》，北京：生活·读书·新知三联书店，1998 年，第 125 页。

与之相似的还有微信、微博、博客及视频网站涉及的政治调侃。对俄罗斯总统普京与韩国总统朴槿惠出席 2015 年九三大阅兵一热点新闻，中国网民发挥其想象力，整合出《为了让普京和朴槿惠在一起，中国网民真是操碎了心》图文与小视频，在网络上引起热传。这样宽松幽默、不卑不亢的表达方式为老百姓与高高在上的政治架起了沟通的桥梁。

第三节　媒体转型

由于屏幕媒体、互联网普及引发了社会化转型，人的职业身份、产业模式也因此发生转变。

各国针对文化产业均陆续制定了政策，以此来推动新型的商业模式。文化产业成为许多国家优先发展的对象。其中与数字艺术密切相关的交互动画游戏产业、电子商务是其重要分支。

围绕改革创新，李克强总理在十二届全国人大三次会议上提出了“互联网 +”战略，正式拉开了国内新一轮产业革命、科技革命的序幕。伴随着全球性科技革命、我国经济新常态的发展趋势，文化建设的地位和作用不断凸显。财政部下达 2015 年度文化产业发展专项资金 50 亿元；支持项目 850 个，较 2014 年增长 6.25%。

习近平总书记强调，“提高国家文化软实力，关系‘两个一百年’奋斗目标和中华民族伟大复兴中国梦的实现”，极大地唤醒了全社会的文化自觉和文化自信，“创意创新”日益成为文化发展的新标识，“跨界融合”逐渐成为文化发展的新常态，一个标志着文化大发展大繁荣的“文化 +”时代正在到来。

近年来中国游戏产业发展迅猛，网游与手游功不可没。中国音数协游戏工委、伽马数据（CNG 中新游戏研究）、国际数据公司（IDC）发布的《2015 年中国游戏产业报告》统计显示，中国游戏用户数达到 5.34 亿人，同比增长 3.3%。中国游戏实际收入达到 1407 亿元，同比增长 22.9%。网游利润共达 611 亿元几乎占据一半，其次是移动游戏狂揽 514 亿元，页游占 219 亿元。单机游戏仅占 1.4 亿元，甚至低于电视游戏（2.2 亿元）。[19] 而回望 1994 年世界范围的视频游戏产业的总值估计才 150 亿美元，十年后仅中国一家便将达其十倍之数。与此同时，电子竞技，即游戏竞技业同步快速发展，Newzoo 数据分析显示 2015 年全球电子竞技收入 3.25 亿美元。2016 年电子竞技市场将增长至 4.63 亿美元，年增幅 43%。电子竞技市场将涵盖 1.31 亿电子竞技爱好者和 1.25 亿观众，主要通过电子竞技相关商品、赛事门票、赞助、网络广告和媒体版权方式盈利。2016 年北美仍然稳占第一，预计收入 1.75 亿美元。2016 年中国和韩国占全球电子竞技收入的 23%，预计达到 1.06 亿美元。受众占比方面，亚洲电子竞技爱好者占 44%，推动亚洲电子竞技发展。[20]

马克思说：“人的本质不是单个人所固有的抽象物，在其现实性上，它是一切社会关系的总和。”[21] 进入信息社会后，人的社会关系又多了一层虚拟世界。网络游戏、社交媒体上人的形象也成了人外在乃至内心的一部分。

人们在发展游戏的同时，已经注意到游戏心理学的研究，也即游戏对人的道德情感是非判断带来的影响。游戏这个兴旺发达的产业给人带来的是轻松享受愉悦还是沉迷堕落颓废，它对民族带来的是积极作用还是消极作用，这些都有待学者和业界进行研究。网络购物也同样如此，便捷的购物方式究竟是节省了人的时间还是膨胀了人的物欲，我们都有待考量。

19 伽马数据，《2015 年中国游戏产业报告：网游占大头、PC 单机已死！》，2015-12-17，http://www.yxdown.com/news/201512/252393.html

20 零趣网络科技，《2016 年全球电子竞技市场报告》，2016-02-18，http://mt.sohu.com/20160218/n437732450.shtml

21 马克思著，《关于费尔巴哈的提纲》，《马克思恩格斯选集》第 1 卷，北京：人民出版社，1972 年版，第 18 页。

第六章　媒体艺术的融合

第一节　跨界的挑战

今天我们提及媒介，多半想到的可能是电视、报纸、广播、互联网等大众媒介，而很少会想到绘画、雕塑、建筑等艺术作品。前者是以一个领域或一种行业，甚或代表一个国家的声音而存在，而后者只是某种艺术的存在形式。仿佛媒介就是媒介、艺术就是艺术，两个词汇经过分门别类、各自存在着。然而如果我们回顾原始时期的人类壁画、畅想彼时的原始篝火舞蹈，仓颉用树枝比划造字的情景，就会发现实则媒介与艺术你中有我、我中有你。刻符、结绳或许是更为明显的媒介，记录和传达着重要纪事，舞蹈和绘画同样也是一种记录与传承，虽然它们不及文字或符号表现得那么明显。而在今天，媒体与艺术的融合则表现得更为复杂，因为，媒体因科技赋予数字化而走到了人类世界发展的前沿，艺术表达也因数字媒介让艺术家颇感挑战。同样，计算机工程师也不得不解决许多原本是艺术家才会遇到的问题，诸如如何让绘画动起来，让想象变成实景，让人与计算机界面互动，等等。

媒介和艺术的这种共存现象简直迫使人们进行对话，而所谓的媒体艺术——今天，它也许是媒体批评的最超前的变种——最终还没有被列入一种理论科目。当然，对话的前提是，媒体科学承认这样一个事实，即艺术科学很久以前就已经研究媒体的问题，尽管它有时宁愿羞答答地承认这一事实。[1]

1［德］汉斯·贝尔廷著，洪天富译，《现代主义之后的艺术史》，南京大学出版社，2014年1月，第315–316页。

实际上，人们已经不再羞答答地面对由于媒体的快速发展让艺术与科技相互拥抱的事实。数字媒体已经成为国家生产力的重要组成部分。众所周知，生产力即人类创造新财富的能力。这种创造新财富的能力包括物质生产力和精神生产力。数字媒体的产生，其前提就是人类综合的创造能力已经到达了相应的水平。

例如，通过三网融合的媒体融合。三网融合是指电信网、广播电视网、互联网在向宽带通信网、数字电视网、下一代互联网演进过程中，三大网络通过技术改造，其技术功能趋于一致，业务范围趋于相同，网络互联互通、资源共享，能为用户提供语音、数据和广播电视等多种服务。三合并不意味着三大网络的物理合一，而主要是指高层管理、顶层设计及业务应用上的大系统融合。以后的手机可以看电视、上网，电视可以打电话、上网，电脑也可以打电话、看电视。三者之间相互交叉，形成你中有我、我中有你的格局，这就意味着视听文化及艺术产品也必须跟进与适应三网融合后的生产要求。一个国家文化产品的生产力与传播力，标志着这个国家的文化软实力，不仅对提升国民文化素质有所裨益，还会在国际文化输出方面产生不可估量的作用。艺术家与工程师必须联起手来，淡化专业分工、优势互补，共同实现新的创造。电影是视听画面艺术融合的典型代表，由于它特定的放映环境、放映时段以及屏幕大小，使得人们很容易明白什么是电影，而不会将它错认成其他什么媒体，进入商业发展模式后尤然。但进入21世纪后，随着三网融合，资源共享，人们的生活最终只会剩下一块块屏幕，它或大或小，或轻或薄，在其之上，可以获得所有的视听讯息。与此同时视频与游戏的艺术性、画面精度逐步提升，如此一来，电影与交互视频、游戏、虚拟现实的界限因此也会日益模糊。

视频游戏工业使得电脑工业发展出了实时显示的非常真实的画面。在20世纪90年代后期，有讲故事倾向的游戏玩家意识到玩游戏就像在指导演员演戏。在游戏和电影之间的这个明显的联系引发了一个叫做“游戏电影”（machinima）的运动——以游戏引擎完成的电影。游戏电影始于地下运动——黑客们试图用视频录像机捕捉游戏画面，并迅速得到了一些大型游戏公司的支持，给一些受欢迎的游戏增加了始于游戏电影的情节。确认这个电影制作亚文化的最好方式是访问游戏电影网站 machinima.com。这个网站提供了比赛、游戏电影制作者的电影、教程以及很好地进入游戏电影社区的常规介绍。

在专业层面，史蒂文·斯皮尔伯格和彼得·杰克逊等人的电影中已经用游戏引擎来进行预视觉化了，实时的反馈在设计动作镜头时呈现出了很明显的优点。这类技巧甚至被用在现场，用事先录制的视觉特效来预览实时的动作。这只是运用合成世界和环境帮助镜头设计的开端，这些运用将会在未来持续快速发展。[2]

2 [美] 史蒂文·卡茨著，《从构思到银幕电影镜头设计》，世界图书出版公司北京公司，2010 年 4 月，第 87 页。

媒体艺术的融合还表现为科学与艺术的界限趋于模糊。数字媒体基本上能够涵盖与吸纳其他媒体诸如纸质媒体、声音媒体、视频媒体的内容。甚至原先数字媒体还难以传递和感知的人类“触觉”感官的缺憾，也逐步被虚拟现实、增强现实及混合现实等技术演进所弥补。通过传感系统，几乎所有的实体信息都将逐渐转化为虚拟信息，甚者反之亦然。在这样的情形下进行艺术创作，艺术家很难做到不接触到科技的成分，而是要努力通过计算机来实现艺术创造，包括使用和编写程序语言等。

又例如，在文化遗产保护方面，如何使其活态地生存，也即如何在保护的前提下发挥文化遗产的作用和影响力。闻名于世的敦煌石窟通过数字记录、VR 漫游、色彩还原研究等科技手段能够在互联网平台上重现展现与世人。数字敦煌网站通过虚拟现实技术呈现了莫高窟跨越 10 个朝代的 30 个洞窟，采集壁画所占面积 4430 平方米，精度达到 300dpi，观众可以选择通过 VR 眼镜或者肉眼观看窟内全景影像，通过鼠标前后左右推进视角，足不出户便能走

图 6–1　数字敦煌 第 61 窟全景影像

图 6–2　数字敦煌 第 57 窟全景影像

图 6–3　数字敦煌 第 285 窟全景影像

近敦煌，近距离观看这一人类文明瑰宝（图 6–1—图 6–3）。又如中国古画动画片《美丽的森林》（图 6–4），动画将中国工笔画与

图 6–4　动画片《美丽的森林》

图 6–5　邓丽君　虚拟影像

3D 技术结合，画面参照宋徽宗的《芙蓉锦鸡图》、林椿的《果熟来禽图》等古代工笔画完成。画中小鸟扭头盘旋，栩栩如生，充分诠释了古画中气韵生动的真谛。

通过 3D 成像全息投影技术，已故的邓丽君也能以虚拟影像之姿重新登台演唱（图 6–5）。2013 年，周杰伦在台北小巨蛋举办演唱会上，与虚拟投影形成的邓丽君形象隔空对唱，引起广泛轰动。2015 年 5 月 9 日，“邓丽君 20 周年虚拟人纪念演唱会”在台北小巨蛋举办。时隔两年，“邓丽君”再度登上舞台，此时技术更加成熟，虚拟人像眼神传神，口型到位，一一还原了邓丽君的身体语言与气质特征，令在场的观众湿润了眼眶。

儿童读物也将从传统的插图时代走进真正的交互时代。儿童读物的交互历史由来已久，早在 16 世纪西方已有立体书出现，立体书、镂空书、简单的纸艺互动都是传统儿童读物吸人眼球之处。这些传统的纸张艺术形态是嵌入了数字交互或三维动画技术之绘本的前身。《点这儿》（*Press Here*）是一本畅销的儿童交互读物，书中的彩色点会因点击转换为其他颜色，让孩童感到恍若魔法附

图 6-6　交互儿童读物应用《田鼠和牧场》

身。模仿立体书形式制作的《田鼠和牧场》（*The Mouse and the Meadow*）（图 6-6）是一款由 Dawn Publications 公司开发的应用，该应用利用 AR 制作软件，以三维的形式呈现二维艺术，在阅读过程中同时穿插音频与视频，提升阅读体验。

交互的风靡使得儿童读物的开发与数字形式密不可分，艺术家与插画师不可避免地介入数字媒介进行创作，对技术的过度关注有时会减少艺术家对创意和故事内容本身的注意力。其实，印刷文本并非不存在互动体验，只要人主动地去理解文字与图像，它们自然在心中发生交互与改变，未必需要一块屏幕代替人的心灵来表达，应用交互技术的关键在于为适合的内容服务，而非单纯的技术加成。因此，交互读物未必取代印刷文本的体验；相反，二者作为不同的形式互为补充，相得益彰。

媒体艺术融合还体现在“媒介”一词概念在内涵与外延上的拓展，在表现形态上杂合交错。因而也有人称其为“杂合艺术”或统称为“新媒体艺术”。

所谓“杂合艺术”或“新媒体艺术”指的就是以媒体为参照系的表现艺术。它可以从不同角度加以定义。若以媒介发展的角度来看，如前所述，我们可以将媒体艺术区分为声音与肢体的艺术、纸质媒体艺术、印刷媒体艺术（包括对不同材料的印刷）、电子媒体艺术（如广播与电视等）、数字媒体艺术、网络艺术等。

例如“跨媒体”一词，起初是被激浪派艺术家希金斯（Dick

Higgins）用于描述各种跨领域的活动（1966），或者是传统意义上的艺术分类被相互渗透了。最初可能会被认为是不可理喻，可是后来却很快被大众认可，并且被认为这是极有创意或创新的表现形式。“视觉诗歌”之类的专名其实已经含有褒奖的意思。它们超越了传统媒体的边界，整合了偶发事件、表演艺术、运动雕塑、电子戏剧，还有各类蓄意打破传统艺术分类体系的作品。对“跨媒体”而言，任何可得的对象或体验都可以被结合入艺术作品。

又如偶发艺术、装置艺术、行为艺术、观念艺术等现代艺术概念，它们彼此呈相互交错的关系。同时它们又可能包含着传统艺术的形式诸如绘画舞蹈等。

偶发艺术是以偶然相聚为特征的行动或表演，其表现过程以非线性事件贯穿始终。导源于美国著名艺术家凯奇（John Milton Cage）20世纪40年代后期在黑山学院的实验性演出。其音乐作品《4分33秒》首演于1952年，总长度4分33秒，乐谱上没有任何音符，其内涵在于要求现场观众在寂静中聆听一切声音。

装置艺术则是借用了机器、仪器或其他设备的“装置”的概念，从材料选用或主题表现都烙上了工业化的痕迹。滥觞于法国艺术家杜尚（Marcel Duchamp）的“现成物”或德国达达主义艺术家施威特斯（Kurt Schwitters）的拼贴艺术，成为20世纪中叶观念艺术的分支。20世纪下半叶，装置艺术产生了数字化的分支。

生物艺术是以生物技术为基础而发展起来的。通常以揭示及表现生物细胞、细菌等为主题，使“遗传”可视化。由于生命科学和计算科学的相互合作，又为生物艺术营造了创作空间。

第二节　并行不悖、与时共进的复合媒体发展

新型媒介的快速发展，并不意味着传统媒介被完全取代或抛弃，而是如虎添翼，不仅给传统媒介带来了新的生机，还使得一些传统媒介的形态有历久弥新之感。进一步看新媒体与传统媒体

的关系，我们会清楚地意识到所谓的“新”是一个相对的概念，是一个时间的概念或者说是一个发展的概念，而非固定的或一成不变的概念。更为重要的是，新媒体相对旧媒体而言，是一个叠加的过程，也即复合或覆盖的过程。正如麦克卢汉所说：“新媒介绝不是旧媒介的赘加物，也不会让旧媒介过清净日子。”[3]

3 [加] 麦克卢汉著，《理解媒介：论人的延伸》，南京：译林出版社，2011 年 7 月，第 232 页。

美国麻省理工学院媒体实验室是由美国麻省理工学院教授尼古拉斯尼·葛洛庞帝（Nicholas Negroponte）和已故的杰尔姆威斯纳（Jerome Wiesner）（前科学顾问约翰肯尼迪总统和美国麻省理工学院前校长）共同创建。他们预见到正在到来的数字大融合，包括引发出版和广播业，以及电信业的变化。由于这种融合加快，促使实验室将不同学科聚集一起并相互发展，包括识别，电子音乐，图形设计，视频和全息图像，都是通过计算和人机界面工作。媒体实验室的创新理念在于“将尖端技术、新兴商业模式与人类的表达会聚合一（Gathering of Advanced Technologies，New Business Models and Human Expression）”。该媒体实验室的研究范围包括传媒技术、计算机、生物工程、纳米科技和人文科学。这些小组包括分子计算机、量子计算机、纳米传感、机器人、数字行为、全息技术、模组化媒体、互动式电影、社会化媒介、数字艺术、情感电脑、电子出版、认知科学与学习、手势与故事、有听觉的计算机、物理与媒体、未来的歌剧、智能代理、可触摸媒体以及视觉和模型等，都属于新兴跨学科领域，极具创新与前瞻性。应当说，美国麻省理工学院媒体实验室的创新理念如今已经逐渐在世界被广泛接受并践行。新媒体的层出不穷不仅局限在于科学技术领域中的改造与创新，更重要的方面是推出或创立了许多新型的商业模式。这些新型的商业模式一旦立足于社会，人们的行为方式乃至生活方式便很快自觉不自觉地被改变了。

购物模式随着媒介发展而不断变化，邮购、电视购物、网上购物甚至 VR 网上购物将不断丰富着购物方式的多样性。邮购、电视购物虽然也是新兴的购物方式，但由于其效率平平、产品数量有限，尚不曾彻底改变人们去往实体店铺购买的习惯，但随着淘宝等电子商务的兴起与物流行业的成熟，才使得网购逐渐成为人们购物的首选。自 20 世纪 90 年代初电视购物行业兴起以来，经过二十余年发展至 2012 年电视购物市场规模达到 578.3 亿元，同比增长 27.10%；预计 2014 年的市场规模将达到 795.8 亿元。795 亿元并不是一个小数字，但是同 21 世纪第一个十年开始发展的电子商务相比，颇有些小巫见大巫之感。2013 年，淘宝“双十一”单日交易额达 352 亿元，而 2015 年双十一单日天猫交易额已超 912 亿元。2015 年天猫双十一单日的交易额可以同 2014 年电视购物业整年的交易额叫板，一个平台便超过 2014 年全国社会消费品单日零售额。不过值得指出的是，虽然电子商务对传统商业模式造成冲击，但经营方式的改变并不意味着销售额的下降，而是增加。电子商务使人们随时随地皆可通过移动终端进行网络购物，改变了人们的生活方式，带来快捷便利，这些无须多言。如果说网购缺陷在于看不到实物，缺乏实地体验，那么虚拟现实科技将力图弥补这一不足。2016 年 4 月 1 日，淘宝推出全新购物方式 Buy+。Buy+ 使用虚拟现实技术和传感器，生成可交互的三维购物环境，该技术利用动作捕捉触发反馈，带来身临其境的购物体验。

购物模式的转变必然带动广告形式的转变。人们是否能接受一则商品信息，直接与广告形式有密切的关系。在实体购买模式下，人们所见即所得，除却可见的产品质量外，更多凭借经验、口碑、品牌甚至是熟人关系来决定购买与否。传统商场卖点在于体验与社交，试吃、试穿、试用是传统商场重要的营销手段，其往往集合购物、美食、教育等多功能于一体。广告形式主要以橱窗、摆设、雕塑、外立面广告为主，理想的广告形态应与商场环境相互结合，给人以沉浸之感，带动人群流动进而不断促进消费。反观在网络购物模式下，因通过电脑、手机等终端进行浏览无法触摸、感受到实物，因此图文排版、后期修图成了电子商务广告的重点，淘宝美工、淘宝模特一行乘势崛起。能留住人的注意力，才有可能创造盈利，这就是互联网时代下的眼球经济。同时，网站平台首页、搜索首页前排位置的重要性变得无以复加，难以被看到就意味着难以产生高销量，且这种差距会如同滚雪球般愈来愈大，因此大数据广告也成了电子商务平台向商家进行盈利的手段。

支付方式的转变同时影响到金融业的变革，由于像支付宝、微信钱包等第三方支付方式以及余额宝、陆金所这样的互联网金融平台出现，人们渐渐习惯把钱放在交易更便捷、利率更高的互联网金融平台或交易平台而非传统银行。传统银行也同步进行网络化、移动化的变革。表面上来看，只是存放资金的机构发生了变化，但是背后意味着的是支付方式的全面网络化和移动化，不仅仅是网购，充值缴费、娱乐出行的支付方式与资金流动都将与互联网交易密不可份。“钱包”或将会成为一种象征或是一件古董，因一切支付方式都将走向网络平台。生活方式所发生的一切转变都源自于互联网和掌媒在 21 世纪初十几年的快速发展而来。

互联网科技的繁荣也不意味着传统礼仪的消泯，微信红包、微店送花等服务从另一个层面弥补着人情缺失。虽然电子红包不能替代走亲访友，但在一定程度上它也拉近了人与人之间的关系。

微信红包是腾讯旗下产品微信于 2014 年 1 月推出的一项功能，用户可以在微信上实现发红包和提现。微信红包分为等额红包与随机红包，随机红包须派发人设定总金额以及红包个数，接收人进而能够收到金额不一的红包，更具新意与乐趣。根据微信官方提供的数据显示，2015 年除夕全天微信红包收发总量达 10.1 亿次，央视春晚微信摇一摇互动总量达 110 亿次，峰值达 8.1 亿次 / 分钟；祝福横跨 185 个国家。2015 年春节期间微信更推出拜年红包，可以令吉祥数红包与祝福语同时发出。红包的本质只是资金转账，但只要加上了红包的外观，这种转账行为便成了中国人礼尚往来的风俗习惯。如果说阿里巴巴创造了双十一全民网购奇迹，那么腾讯微信则将中国人的节日风俗搬上了互联网平台。不仅是红包，送礼送花等礼仪习惯亦不可避免地被互联网改写着。不得不承认，在网上订购礼品，转由商家配送，省去了双方会面的时间与精力，从省时省力的角度来看，似乎授受二方都因此得益。

确实，每行每业只要融入互联网思维，便如虎添翼，甚者后来居上，而缺乏互联网思维的企业则要面临着被淘汰的困境。但也有一些生活方式亘古未变，比如人类使用陶瓷的习惯。陶瓷最初被作为储藏和置放食物的生活用具，也是人类表达审美情趣的媒介与载体。瓷作为一种日用产品和生活用具，由中国人最早发明、烧造时间最长，至今与人类保持着最为密切的关系。其物质性向文化象征性、以及历史记忆等的转化，已经成为中国向世界传播文化的重要媒介之一。

格劳（Oliver Grau）对于物质化艺术品有这样一段陈述："无论过去还是现在，有形艺术品的力量主要在于它可以作为人类社会记忆的鲜活明证。因为只有固定的艺术作品才能够持久地保存思想和观念，并且保存个人和时代的相关陈述。一件开放式的作品，依赖于当时观众的交互或者遵循博弈论的高级变量——作品被假设为一种游戏，观众遵循'自由程度'而成为游戏者——这是图像失去其历史记忆和见证能力的有效方式。取而代之的是一个以持续的技术系统为框架的、短暂的、任意的、不可再生的、无限的可操作图像。"[4]

4 [德] 奥利弗·格劳（Oliver Grau）著，《虚拟艺术》，陈玲主译，北京：清华大学出版社，2007年，第150–152页。

也就是说，格劳认为现代开放式的交互式的艺术作品不具备物质化作品那种瞬间凝固时代特征的能力，而是持续更新且随机更新的产物。与此相比，陶瓷每朝每代都具备鲜明的时代风格，且在今天仍随着时代发展不断创新风格改良技艺。

陶瓷的发展史是中华文明史的一个重要的组成部分，中国作为四大文明古国之一，为人类社会的进步和发展做出了卓越的贡献，其中陶瓷的发明和发展更具有独特的意义，中国历史上各朝各代有着不同艺术风格和不同技术特点。在中国，制陶技艺的产生可追溯到公元前4500年至公元前2500年的时代。从传说中的黄帝尧舜及至夏朝（约公元前21世纪—公元前16世纪），是以彩陶来标志其发展的。其中有较为典型的仰韶文化，以及在甘肃发现的稍晚的马家窑与齐家文化等，解放后在西安半坡史前遗址出土了大量制作精美的彩陶器，令人叹为观止。从公元前 206 年至公元 220 年之间的汉朝，艺术家和工匠们的创作材料不再以玉器和金属为主，陶器受到了更为确切的重视。在这一时期，烧造技艺有所发展，较为坚致的釉陶普遍出现，汉字中开始出现“瓷”字。同时，通过新疆、波斯至叙利亚的通商路线，中国与罗马帝国开始交往，促使东西方文化往来交流，从此一时期的陶瓷器物中也可以看出外来影响的端倪。佛教也至此时传入我国。

至宋代，陶瓷处于高度繁荣和发展阶段，除为供应宫廷贵族烧造的高级陶瓷以外，民间需要的陶瓷也大大超过往代。典雅平淡是宋代艺术追求的最高境界，而宋瓷又最能代表它的这一风格。宋瓷的造型质朴平易，很少有繁缛的装饰，色彩晶莹透澈、清淡纯一，这种风格从南青北白的五代十国瓷即已奠定，类银类雪的邢窑瓷、似玉似冰的越窑瓷成为宋瓷最好的先声。

北方之汝窑、定窑、钧窑、官窑、耀州窑，南方之龙泉窑、景德镇窑、建窑、吉州窑均负盛名，且产品各具特色。辽金地区吸收汉族工匠的制陶技术，也根据其需要和审美爱好创造出带有民族和地方的基础上又呈现出南北不同地区群芳竞艳的局面，形成多种不用体系而延续至今。

由于陶瓷在中国烧造历史最长，产量与品种最大也最为丰富，曾作为大宗产品出口外销。在 16 世纪至 19 世纪，凭借着著名的海上丝绸之路，也称海上瓷之路的开拓，中国瓷器开始大量运往西方，风靡于整个欧洲。

意大利罗马大学东方学系主任费德里科·马西尼（Federico Masini）教授向我们介绍，16 世纪在地理勘探的影响下，通向中国的海上之路被打开了。西方人凭借强力的舰队，经过了非洲，穿过了马六甲海峡，然后到达澳门。这些旅行家初期仅仅由传教士组成，这些西方人身负使命并开始与中国建立联系，同时开始了基督教在中国内陆的传播历史。

于16世纪末期开始的一个世纪，是一段东西方互相了解的时期，在这期间西方人更加了解中国，也让中国更加了解西方。两位传教士起到了非常关键的作用，艾儒略（Giulio Aleni）是第一位向中国详细介绍欧洲产物与人群的传教士，卫匡国（Martino Martini）则相应地让西方人了解到中国的生产、历史和地理信息。卫匡国绘制的《中国新图志》（*Novus Atlas Sinensis*）在欧洲大陆被翻译并出版，取得了非凡的成就，其中有关于中国瓷器详细的介绍。“china”在英语中就是瓷器的意思，中国的瓷器和茶叶一起改变了西方人的餐桌。因此中国瓷器在欧洲不仅仅是一种商品，更是一个文化传播的工具，瓷器帮助拉近了欧洲和中国的距离。

瓷器设计的文化性特征非常丰富，延至今日，人们已经不再满足对它们只定位在物质属性，也即生活媒介的层面来认知，而是作为当今新型媒体下用以对外进行中国文化传播的重要文化象征与文化代表媒介之一。中国陶瓷所具有的语言系统，也可以认为是符号系统，从新石器时代仰韶文化的彩陶，三国两晋的越瓷，唐代的三彩瓷，宋代五大名窑（钧窑 、汝窑 、官窑、定窑、哥窑）、六大窑系（定窑、钧窑、磁州窑、耀州窑、龙泉窑、景德镇窑），元明青花，清代粉彩至品种丰富、风格各异的现代陶瓷，都带有强烈的时代烙印。它们是各个时代、各民族、各阶层的风土人情、生活品质、交运贸易甚至外交文化的缩影。

人们通过三维打印打造它、重塑它，运用现代科技保护它、探索它，科技与艺术的完美融合令这些与生活息息相关的媒介历经岁月洗礼而永留于世。

第三节　融合的力量

媒体的融合将显示出日益强大的传播力量，这种力量是无穷的。国家媒体及公众视听一般被认为是除了行政权、立法权、司法权之外的第四种政治权力。而媒体艺术及传播已成为我们在这个社会里生存的一种基本资源，一种基本力量。

不仅仅是记者，艺术家同样肩负着社会的责任，同样可以成为社会的守望者，公共利益的守望人。从历史看，艺术家不仅是他所处时代的文化的传播使者，还是创造人类文化传承物的劳动者。为了让世界相信艺术的力量，随着网络的发展，将文字和视频艺术同步进行，用讲故事的手法已经成为艺术表现的常规惯例。

如何在现代与传统复合媒体的全新语境下，采用跨媒介的语言方式诠释思想、观念及发生的事件，是当下媒体人需要考虑的主要方面。多种艺术形式之间的融合，并非到数字媒体时代才发生，古代已有类似的艺术现象。

隋唐时，中国与印度的艺术交流日益深入。一方面传入和吸收了当时印度的许多乐舞，太乐署所属乐舞中就有天竺乐舞；另一方面唐代乐舞对印度也有一定影响。当时印度的戒日王就曾对玄奘说："弟子闻彼国有《秦王破阵乐》歌舞之曲，未知秦王是何人？复有何功德，致此称扬？"[5] 由此可见唐乐舞对印度的影响。另外，中国瓷器在隋唐时亦传入印度不少，作为精美的手工艺品，多为当地人珍藏。由此而开辟的一条光华四照的"陶瓷之路"，经东南亚穿印度洋，到波斯、叙利亚和埃及，直至非洲、欧洲许多地方。

5 [唐] 释慧立：《大慈恩寺三藏法师传》卷五，北京，中华书局，2000年。

笔者近来执导了一部上下集纪录片《龙泉青瓷》，除了在龙泉摄取大量的镜头之外，还远赴意大利、法国对部分重要的博物馆专家、汉学家、历史学家以及联合国教科文组织非物质文化遗产公约处也进行了采访。2009年，龙泉青瓷传统烧制技艺被列为联合国教科文组织人类非物质文化遗产代表作名录，成为中国唯一入选的陶瓷类项目。古龙窑烧制技术是龙泉传统陶瓷生产的重要手段之一，窑因形似蛟龙而取名龙窑，因地制宜，沿山而建。就地取材，拾柴而烧。在烧制过程中，由于温度的差异性，产生自然窑变，龙泉人便将偶然性的不可控因素更易形成新的青瓷品种，哥窑及开片青瓷品便是典型的案例。意大利罗马东方国立艺术博物馆的专家罗伯特·希亚拉博士（Dr. Roberto Ciarla）说道：“意大利人并不会烧制瓷器，龙窑是来自中国十分天才的创新制法，这种烧制陶瓷窑的创新从未在意大利存在并为人所知。意大利人之前并不知道窑内可以达到不同温度。如何对这些瓷窑进行温度控制调节的能力，如何依据地形来依山搭建龙窑，在意大利及整个欧洲都是未曾掌握的。”由此可见，中国传统的青瓷制造技艺，其中所积累的智慧与经验至今仍然被欧洲人翘首。

新中国成立以后，很多国外使者（欧洲人、苏联人）到中国访问都有提到“雪拉同”，后来从陈万里先生那里了解到“雪拉同”就是中国龙泉青瓷的法国称谓。陈万里先生于20世纪二三十年代曾经八上浙江龙泉，对龙泉青瓷古窑址作调查研究，从而确定了龙泉窑的历史地位，为龙泉窑青瓷的恢复与发展提供了许多珍贵的资料。并在大窑村完成了中国第一部田野考察报告《瓷器与浙江》，他曾感慨道：“一部中国陶瓷史，半部在浙江，一部浙江陶瓷史，半部在龙泉。”

1957年，周恩来总理随即在南京全国轻工业部长会议上指出，要想恢复祖国历史名窑的生产，首先要恢复汝窑和龙泉窑的生产。浙江省委员会成立浙江省青瓷恢复委员会，将龙泉民间地方的大师吸纳到仿古小组，全面开展了龙泉青瓷的恢复工作。

“雪拉同”是怎么来的？为何欧洲人会如此青睐青瓷？龙泉青瓷如何传至欧洲？关于这样一些问题，《龙泉青瓷》纪录片拍摄组的人员专门赴法国和意大利，对龙泉青瓷在欧洲的传播与发展进行了追根溯源。

在法国巴黎，我们对法国教育部名誉汉语总督学、法国国立东方语言文化学院博士生导师白乐桑教授（Prof. Joël Bellassen）进行了采访，他热情洋溢地告诉我们：“雪拉同 Céladon”最早是一部长达5 300页的小说《阿丝特蕾》（1607年出版）中男主人公的名字。作者是法国著名作家、小说家，奥诺德·于菲尔。《阿丝特蕾》讲述的是牧羊女阿丝特蕾与雪拉同之间的爱情故事，是一部伟大的长篇著作。雪拉同是一个赋有诗人气质的角色，他拥有敏锐的感知力，且在浪漫主义文学之前，就被赋予了一定的浪漫主义色彩。雪拉同总是带着一个标志性的淡绿色带子作为装饰。恰巧在同一时期，原产于龙泉的青瓷也开始在法国，以及欧洲广泛传播。因此我们将这种广为人知的独特的中国瓷器颜色，与总是佩戴着与其同色绸带样装饰的男主人公雪拉同联系在一起。雪拉同的名字便由此传遍天下。"原来如此，青瓷英文 Celadon 就是法语 Céladon 音译而来的，其中的故事竟如此美丽动人，是海上丝绸之路成就了龙泉青瓷如此动听的洋名字。

公元前 139 年至公元前 119 年，汉武帝派遣使者张骞两次从长安出使西域，打通了汉朝通往西域的南北道路，是陆上丝绸之路的开拓者，史称"凿空之举"，促进了东西方文明的交流。

大秦是古代中国对罗马帝国及近东地区的称呼，自古有班超派遣甘英出使大秦的典故。《后汉书·西域传》中亦记载了大秦名称的由来："其人民皆长大平正，有类中国，故谓之大秦。"基于中国和意大利各自的历史，中国和西方的联系至少维持了超过一千年，意大利、或者说意大利半岛是唯一能肯定的、跟中国有过联系的西方国家。

意大利罗马大学东方学系主任费德里科·马西尼教授（Prof. Federico Masini）形象地比喻说："丝绸之路不能想象成一条简单的马路，它更像是当代的互联网，信息的传递并不是发生在起始地和终点，更多的贸易联系是发生在道路中间的某一段。因此，丝绸之路的货物传递不是一条没有断点的直线，而是由多条分段的线段构成的。"

罗伯特·希亚拉博士还说："意大利艺术史学家认为青瓷出产于中国北部耀州幽州的瓷窑以及中国南部龙泉的瓷窑。文献中所记载的青瓷到达欧洲的时间更晚。地处俯瞰地中海和伊斯坦布尔托普卡帕皇宫的奥斯曼帝国藏有中国青瓷，意大利贵族美第奇家族通过叙利亚的港口曾经购买过一些来自近东的样品，这些青瓷至今仍能在佛罗伦萨碧提宫内的美第奇家族物品清单中被查阅。”

唐朝，中国的瓷器从亚洲大陆慢慢地流通向西方，到了宋朝，陶瓷工艺和文化经历了飞速的发展。在“市舶之利以助国用”的外贸策略下，龙泉青瓷渐渐走出了国门，走向世界，之后跟瓷器相关的贸易一直持续到了明朝末年。1975 年，韩国“新安沉船”出水，发现大量宋元时期龙泉青瓷。2007 年 12 月，在广东省水下沉睡了 800 多年的南宋商船“南海一号”，经过整体打捞挖掘，发现大批精美的龙泉青瓷，再次证明了龙泉青瓷在南宋时期的兴盛。

元朝时期，有很多关于意大利旅行者的记载，有许多像马可波罗一般的意大利传教士、商人在当时的中国居住，同时也发现了欧洲最早关于中国瓷器记载的证据。正如马可波罗所记录的那样：“在中国，有一种极细的黏土，人们用它制作玻璃一样透明的器皿，能看见里面盛放的水。这种黏土可以烧制出世界上最好看的盘子，世界其他地方都没有生产。因此这里的产品被带往世界各地。”

明朝时期，通向中国的海上丝绸之路被打开，西方人凭借强力的舰队，经过了非洲，穿过了马六甲海峡，然后到达澳门，这些旅行家初期仅仅由传教士组成，他们来东方传播基督教的信仰。中国生产瓷器、茶叶、丝绸等则自缅甸的马达班港起途径印度和阿拉伯，这些商品通过船运大量到达阿拉伯海岸直至埃及，当中也通过其他交通方式到达黎巴嫩和叙利亚。这段历史开始 1597 年并在一个世纪后结束，是一段东西方互相了解的时期，在这期间西方人更加了解中国，也让中国更加了解西方。

费德里科・马西尼教授在受访中专门提到了两个关键的人物：“基于中国和意大利各自的历史，中国和西方的联系至少维持了超过一千年，因为我们现在唯一能肯定的一个跟中国有过联系的西方国家就是意大利，或者说意大利半岛以及居住在半岛上的人。在这个时期，我们在当时居住在中国的意大利传教士（主要是圣方济各会）和商人的旅行日记中发现了最早的相关记载。同时我们也发现了最早关于中国瓷器出现的证据。之后到了唐朝，中西方的往来有所减少，但是中国的瓷器仍然从亚洲大陆慢慢地流通向西方，然后到了宋朝，我们知道在这个时期陶瓷工艺和文化经历了飞速的发展。之后跟瓷器相关的贸易一直持续到了明朝末年。

在 16 世纪末期，澳门殖民地被建立，西方人长期地居住在那里。这些西方人都是传教士，开始与中国建立联系，同时开始了基督教在中国的传播历史。这段历史开始于 16 世纪末期，准确来说是于 1597 年并在一个世纪后结束，是一段东西方互相了解的时期，在这期间西方人更加了解中国，也让中国更加了解西方。所以在中国的西方殖民者第一次认识到龙泉这个城市，也认识到中国瓷器的存在。中国瓷器是非常美丽的，因为它们的色彩和外形而得到了人们的青睐，在西方变得很出名，出名到成了中国文化的代表产物。事实上 china 在英语中就是瓷器的意思，更特别的原因是它改变了西方人的餐桌。特别是茶叶，它风靡整个欧洲大陆，中国瓷器独特的制作工艺也刺激了欧洲瓷器生产，尤其是英国瓷器生产的发展。”

不论是陆上丝绸之路还是后来的海上丝绸，如今仍然象征着中西方之间友谊的源远流长。龙泉青瓷通过海上丝绸之路远渡欧洋，并扎根开花在那里。这便是中西文化相溶的力量。更为重要的是，这些史实引发了我们对非物质文化遗产保护活态传承的思考，也即如何让优秀的历史文化遗产历久而弥新，活跃在当下人们的生活中。如何龙泉青瓷在“丝绸之路经济带”和“21 世纪海上丝绸之路”这条新兴国际文化与经济大走廊上再铸辉煌。

清末民初的四大学术发现，即甲骨文、木简、西域文献及明清大内档案。其中甲骨文、木简、西域文献不仅是考古学史上的重大发现，也是艺术史上的重要发现，是为书写艺术的历史经典之作。四大学术发现不仅对揭示丝绸之路在当时对中外文化交流所起到的巨大作用，也让我们看到了当时作为文化载体的书艺风貌。

在世界的欧洲发展史上，文艺复兴时期，以艺术首当其冲，超越本体，推动了社会改革，借助科学技术的力量，发挥人的正

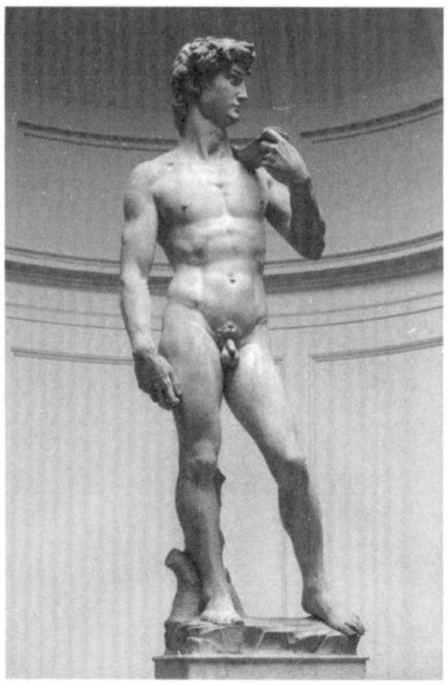

图 6–7 米开朗基罗《大卫》（雕塑作品）

图 6–8 达·芬奇《蒙娜丽莎》（肖像画）

能量。文艺复兴（Renaissance）是 14 世纪中叶至 17 世纪初在欧洲发生的思想文化运动，其形式表现为文艺作品的风格解放，然其本质是一场社会运动，宣告中世纪黑暗千年的完结，推动了资本主义在欧洲的发展。文艺复兴在中世纪晚期发源于受古希腊古罗马文化影响较深的佛罗伦萨，后扩展至意大利及欧洲各国，揭开了近代欧洲历史的序幕。人文主义精神是文艺复兴提倡的文化核心，反对神学宗教对人思想造成的禁锢。经济的繁荣发展促使人们不再悲观厌世，而是积极投入生活追求人世乐趣。文艺复兴期间的绘画作品、雕塑作品中集中体现着人文主义影响下的情感表达。例如米开朗基罗的大卫像（图 6–7），雕塑体格健美，神态斗志昂扬，力量蓄势待发，充满着人性光辉，是理想化的男性形象，而达·芬奇的蒙娜丽莎肖像画（图 6–8）则运用高超技法令画中人物显得静谧莫测，蕴藏着丰富的心理情感，塑造出端庄柔美的女性形象。

中国也存在着与文艺复兴相似的艺术运动。文人画泛指中国封建社会中文人、士大夫所作之画，是流露着文人思想的绘画，早在魏晋南北朝时期，已有文人画思想之萌芽，这一时期被称为“艺术自觉”的时代。魏晋南北朝姚最的“不学为人，自娱而已”和宗炳的“山水明志”“澄怀观道”成为文人画的中心论调。文人画有别于华丽的宫廷绘画、青绿山水，其内容多取材于山水、花鸟、梅兰竹菊和木石等，借以抒发个人气节，表达高洁志向。文人画的兴盛源于文人或士人不堪官场浑浊，但又无法扭转的矛盾心理，从而采取避世的态度寄情于山水自然，因而带有强烈的反叛精神。诗书画印交融是文人画的重要特征，诗作为题款是内心表达的重要方式。印章最初为官印、军印之用，发展到了唐宋两代，闲章作为欣赏艺术的一支日益发展。诗书画印四者不仅在画面结构上互为补充，在表达思想意境上更是相得益彰。

例如元朝画家王冕的《墨梅图》（图 6–9），画上题诗一首，以咏赞家门梅花清高自洁，实则借梅花自喻，暗表自己的立身之德。他有诗句：“吾家洗砚池头树，朵朵花开淡墨痕。不要人夸好颜色，

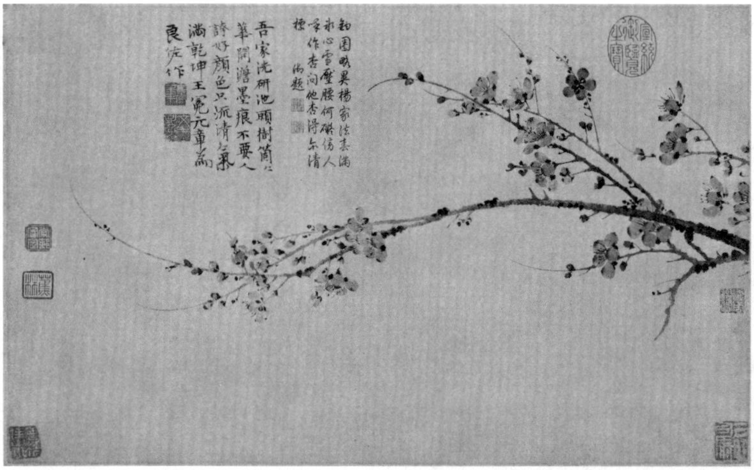

图6-9　元　王冕《墨梅图》

只流清气满乾坤。”脍炙人口，是典型表达士人心志的题画诗。

又如明代书画家徐渭，既是画家也是书法家，其题字的书法风格总是与绘画内容相结合，张岱评价其画“书中有画，画中有书”。《墨葡萄图》的题诗：“半生落魄已成翁，独立书斋啸晚风。笔底明珠无处卖，闲抛闲掷野藤中”。诗句字形变化多端，如葡萄藤般弯曲延伸，书与画融为一体。同时徐渭纵横开阖的书画笔法融入绘画艺术中，开拓了文人画大写意的风格。虽然徐渭一生坎坷，但他的书画却潇洒脱俗，自成一格，表达着他自由不羁的人生态度。

图6–10　明　徐渭《葡萄图》（现藏于北京故宫博物院）

清代书画家郑板桥擅长画竹，曾有言：“四十年来画竹枝，日间挥写夜间思，冗繁削尽留清瘦，画到生时是熟时。”其所画之竹来于自然又高于自然，是作者心中之竹，因而有“胸有成竹”一说。郑燮有著名题画诗：“咬定青山不放松，立根原在破岩中。千磨万击还坚劲，任尔东西南北风。”诗句托岩竹的坚韧顽强，言己身之铮铮傲骨（图6–11）。

唐宋时期，文人画中所展现的诗情画意影响着园林设计，形成了中国园林设计的主导思想。造园的顶峰时期是明清两代，保存至今的园林以清代为最。

园林是文人画山水人世的空间化表现，也是自然万物等大千

图 6–11　清　郑燮《墨竹图》

图 6–12　个园

图 6–13　沧浪亭

之微缩。自文人以躲避俗世、回归自然等心念独辟幽径，怡然自居后，园林便成了一种独特的思想文化媒介，而非仅仅的审美趣味。和皇家园林的开阔大气，奢侈雍容不同，文人园林在有限的空间内探寻着最大的空间纵深感，既保持着和红尘俗世的接触，又追求着隔墙如隔世般的隐逸，以得所谓“不出城郭而获山林之趣”。如果说文人园林是一幅幅山水卷轴，那园林中的楹联匾额就是画卷上的一首首题画诗，起着画龙点睛的作用。苏州名园沧浪亭（图 6–13）之名源于宋代诗人苏舜钦感于“沧浪之水清兮，可以濯吾缨；沧浪之水浊兮，可以濯吾足”之言，园名隐含着主人“君子处世，

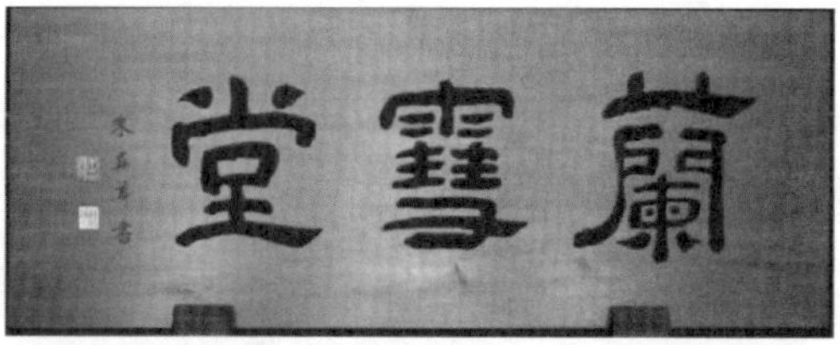

图 6–14　拙政园 匾额

遇治则仕，遇乱则隐”的人生参悟。又如拙政园中的匾额“兰雪堂”（图 6–14）暗寓园主人的品德高洁；“四壁荷花三面柳；半潭秋水一房山”楹联（图 6–15）表露着主人安然于四季轮转的淡泊之心。中西园林的最大差别并不在于植物品种、地势风貌的区别，而在于园林中寄予的这种文人情怀的有无，正因于文人对于官场浊世有着叛逆之心，中国园林才有那么多通透怪状的太湖奇石，而非被修剪得整齐划一的花草植被。

图 6–15　拙政园 楹联

第四节　历史文化遗产保护

媒体艺术种类的繁复非数万字可以叙尽。在前文中所列举是给社会带来过巨大变化的媒体艺术，然而还有一些媒体艺术，并没有那么大的影响力，到今天或许只能以文化遗产的形式存在，但它们所带来的美感，却是我们不得忽视的。

口头流传的神话、诗歌、音乐、舞蹈、哑剧，在早期的人类传播活动中起着重要的作用，但是所有这些都会随着个体的消亡而荡然无存。只有那些以物质材料为媒介的造型艺术得以保存下来。雕塑、饰品、刻有图画的工具以及建筑等，它们充当了传递信息的媒介，同时也是现存最古老的传播记录。[6]

6 熊澄宇著，《媒介史纲》，清华大学出版社，2011 年 10 月，第 20 页。

服饰作为一种媒介，除了具备实用与审美功能外，和许多媒介一样，同时也为政治、阶级服务。

唐代的官服，侧重儒教中阴阳五行的说法，把青、赤、白、黑、黄五色当作“五方正色”，即东方青色，南方赤色，西方白色，北方黑色，中央黄色。黄色既代表中央，也代表大地，帝王服色便采用黄色。其他等级的官服，也用颜色和图案加以区分。《旧唐书舆服志》记载：贞观4年（公元630年），定三品以上官员服紫色，五品以上服绯色，六品、七品服绿色，八品、九品服青色。公元467年又规定：文武三品以上服紫，并金玉带；四品服深绯；五品服浅绯，并金玉带；六品服深绿；七品服浅绿，并银带；八品服深青；九品服浅青，并石带。庶民并铜铁带。妇人从丈夫的颜色。除衣服的底色作了规定外，对衣服的图案也进行了等级的规定。以图文为等级标志，有史料可说明这是礼教中的一个重要内容。《史记·孝文记》十三年诏："盖闻有虞氏之时，画衣冠异章服以为僇，而民不犯。何则？至治也。"据《夏书》，古以日月、星辰、山龙、华虫、宗彝、藻火、粉米、黼黻、黼绣等为古天子冕服十二章，此为章服之始。有九章（衣五章、裳四章）、七章（衣三章、裳四章）、五章（衣三章、裳二章）、三章（衣一章、裳二章）之别（《周礼·春官·司服》）。这些在我国的封建礼教中，逐渐地形成了严格的章服制度。包括对服制（服饰制度）、五章（五等服色）、五服（五等服式）、六冕（古代天子及诸侯、卿大夫的六种服色）、六服（王后的六种服式）、法服（礼法规定的服饰）、冕服（帝王、诸侯及卿大夫的礼服）等都作了相应严格的规定。这些服饰的制作，所用工之重，人选之精，成为设计造物史上不可忽视的一个重要部分。[7]

7 王荔著，《中国设计思想发展简史》，湖南科学技术出版社，2003年10月第1版，第123-124页。

有学者认为电子媒介的产生逐渐消解着民族身份感。

界限则由于电子媒介的大量共享信息而模糊了。实际上，现在人们必须有意识地努力维护群体身份的区别，而这在过去是被认为理所当然的。与通常的看法相反，我认为最近非常流行的寻根和民族身份，可能并不是传统意义上群体身份兴起的标志，而是没落的标志。非常有力的群体身份是无意识的和直觉的。对祖先和背景的主动追溯可能意味着意识到身份危机以及相对无根的感觉。[8]

一种事物，一类生物，如果需要保护，那就证明了它的弱小，这点不容质疑，但明知其消亡却不作反应，却也未必是正确的选择。在受到现代化冲击下的传统文化和物质文明，能不能存活，能不能重生，能不能反哺社会，这些都取决于今人的努力。掌媒时代是人类科技进步的成果，为人们带来便利，虽然技术发展至今几近无所不能，但手工物件背后的温度，兴许才蕴藏着人心本质，那就是人的情感。另外，技术的急速发展使得这一时代的人们同往日社会的生活方式发生着巨大的变化，但过去的人们千百年来与自然和谐相处，维持着生态平衡，积累了许多宝贵的经验和睿智的思想，比今天城市人的知识体系有过之而无不及，我们是否应当抛却？传统的农业社会、手工业社会似乎已离我们远去，但工匠时代的传统工艺在现代社会是否已经不具备价值？

文化遗产保护一词见于近百余年来的中外法律法规，而在漫长的中国历史中，上至庙堂，下至百姓，并没有“文化遗产保护”这一概念，甚者在改朝换代之际，执政者对于前朝留下的宫殿城池一并拆除，对不利于当朝统治的文字记载予以销毁，在今天看来都是有违文化遗产保护理念的。然而，即便在这样的情况下，数千年的历史文明、伟大的艺术成就却并没有因此造成重大损伤，反是不断在创造新的辉煌。只因被销毁的，是建筑或文字中的“政治性”，而非其“文化性”，因而传统文化和审美观念依旧被延续传承下来，流淌在华夏儿女体内，渗透于社会大环境中，未曾中断，未曾淡化，也因此新朝的文化，也还是传统的文化。既是“活”的文化，便不足以称之为遗产。即便是古董，它们或流传在世间，或埋藏于地底，也并非静态孤立的存在，而一直与理解它们的人捆绑在一起。社会变革、战乱连绵历来有之，而令中国之根基真正发生巨大变动的，是鸦片战争以来，西方文明对中华文化产生的入侵，以及改革开放以来，迅猛的经济建设对传统观念带来的影

8 梅罗维茨著，《消失的地域：电子媒介对社会行为的影响》，肖志军译，北京：清华大学出版社，2002 年，第 127 页。

响。西方社会在提出“文化遗产保护”的理念之时，正是意识到了，那些过往的建筑、器皿不仅美好，还蕴含着设计师的灵魂与时代的记忆，或说是中国人所谓之乡愁。在过去虽不曾刻意保护它们，然当时社会发展缓慢，传统的审美观尚且留在人的心中，而时至飞速发展的现代社会，如果不加以保护，它们将可能彻底地从人们的脑海中被抹去。

非物质文化遗产并不仅仅是遗产，它在可持续发展的过程中可以扮演重要的角色。例如传统农民所拥有的关于收割、播种的知识往往是代代相传的，因而具有极高价值。如果传统农业后继无人，那么保护留下这些知识体系就显得异常重要。建立这些知识体系对于食品安全、保护食物多样性、应对气候变化和自然灾害等问题同样有帮助。现代科技虽然能帮助我们提高效率，但人类的实践与经验是不断巩固的，因此吸纳传统的做法依然会有所裨益。在健康领域，非物质文化遗产也扮演着重要的角色。健康不应仅通过机械测出的数值来衡量，健康同时也是一种感觉。传统的医药或传统的治疗方法，传统的仪式可以帮助我们更加全面地理解疾病和健康的意义。

通过妥善地保护与改造，前人留下的文化遗产必然会惠及今人。但倘若直奔商业目的或者单一目的，勉强留下的古迹或成为现代社会另一种畸形的存在。西塘、丽江混乱嘈杂的酒吧街究竟还与古镇原本的风韵有什么关联吗？如果我们能够回答为什么要保护，也许就能够回答要怎么保护的问题。文化遗产具有经济价值、审美价值、历史人文价值、国际交流价值、民族认同价值，可是它们与我们究竟有什么切身关联，多数人依旧不得而知。社会越是发展迅猛，文化遗产被迭代的速度也越快，若是短到十年二十年的历史产物都能被珍惜，国家才会拥有愈来愈丰富的无形资产，不至于迷失在国际化现代化的浪潮之中，历史文化遗产保护的意义可以大到提供国家间对话的资本，小到留下一个人抹不掉的记忆与乡愁。

活态保护的本质并非仅仅为了令文化遗产能够被持续地使用，创意、教育、艺术、旅游、商业等附加值一定程度上延续了建筑的生命，但保护最重要的目的是为了传承其精神，或者更为通俗地说：不忘本。“人惟求旧，物惟求新”，中国改革开放到今天，经济迅猛增长，但是人的情感，却缺乏一个安放的角落，这是因为中国的文化没有得到相应的传承。俗话说，钱财乃身外之物，从某种程度上来说，祖先们留下的遗产也是同样。遗产之“本”在于其所蕴含的文化价值，这些精神的源头并不在文物古迹，而源于先人之心手，从而借文物古迹之形貌得以表达出来。如果有一天它们的精神流传于当代人心中，我们就不用担心会失去它们，亦不会盲目将其拆毁，或者急功近利重建。如果要重建它，当初就不应当拆毁它，如若已经消亡于历史，也不必再借利益之名去翻造它。既然物质之形已经不在，人们应当做的，是更加冷静地思考研究如何保留尚存之建筑，以及如何将先人的思想以其他形式传承下去。书籍、展览、纪录片，甚至是动画游戏、虚拟现实都可以是它们新颖的载体。现代科技并不与之相悖，相反，它们将会是传播思想的强有力武器。遗产保护并不只是个严肃的课题，想让更多人认识到这一社会现实，就需要采用更加平易近人，活泼多元的传播手段，这也是“活态”保护的一部分。媒介从古至今发生了诸多变化，与当下热门的传播方式结合，将会对大众意识的觉醒有莫大的助益。视听图画互为穿插，在形式上相较文字更为直观，叙事化的逻辑语言更易感染人，那将会是另一个值得研究的课题。文化遗产保护，并不仅仅在和古建作斗争，也在与人的思想作斗争，如果人的心里没有了古人的观念，还要什么古代的建筑和器物？保留下物质，保留下风貌，用新媒体手段创造性地保留，最终为了让人心能够传承世代的文化，形成一种良性循环。因为说到底，物质建筑或器物会经岁月磨损消亡，风貌亦会随时代融合转变，最终，只有人是精神传承之活水，可以随着社会变迁不断适应成长，古人的文化精神就因此具备了无限的生命力。

笔者于2015年执导拍摄了一部纪录片《双城问道：上海与佛罗伦萨》。

何谓纪录片？有学者将纪录片定义为：纪录片以纪实为基本美学特征，是一种非虚构的、叙事的影片样式[9]。而国外对于纪录片的概念则是更注重纪录片的历史价值和文献价值，强调作品的概念和主题。美国纪录电影历史学家和理论家比尔·尼科尔斯认为："就概念本身的严格意义来说，纪录片不是文献记录，但纪录片得以建立的基础是影片所具备类似文献记录性质的元素。"[10] 基于纪录片形式特有的定位优势，我们尝试将原本是专家通常是在专题研讨会议上才发表的观点用纪录片的呈现方式进行辑录，其优点有以下几个方面：

9 聂欣如：《纪录片概论》，复旦大学出版社，2010年5月版，第200页。

10 比尔·尼科尔斯著，陈犀禾、刘宇清等译：《纪录片导论》，中国电影出版社，2007年7月版，第48页。

其一，它改变了专题研讨会上相对单一的发言模式，将每一位专家的发言通过归纳、梳理与编辑，融入主题之下的不同方面。因而既强化了主题之下某个方面的阐释力，也丰富了主题在逻辑与层次表达上的厚度。

其二，专家学者的观点由于被赋予了蒙太奇的呈现方式而变得跨越了时空。它不仅仅是当下的，还是历史的以及未来的。更是可以带领观众穿越时空，在不同的时空维度中探索真理。

其三，纪录片本身的"记录"功能，使得重要的学术讨论甚或是阶段性思想成果得到了永久性的保存，而不是像以往常常出现的"会尽人散"。

其四，将学术理论结合影像与音乐，以生动的形象和优美的旋律向观众传达其观点，自然有助于观众对新观念、新事物的了解与理解，在很大程度上促进了世界人类文化的交流与传播。

如何将博学多识的专家学者的见解与观点纷纷呈现出来，又如何将深奥的历史文化遗产保护专题探讨充满视觉的憧憬？无疑，城市历史文化遗产保护系列纪录片《双城问道：上海与佛罗伦萨》的创作过程实际是用视频文本语言进行学术研究的探索过程。

文字相对于影像多了几分冷静，我们通过对文字的分析，通过对 14 位受访者的同期声的整理，将所言内容形成具有逻辑的结构顺序，以便能够将文字转换为画面，清晰合理地展现在观众的面前。通过梳理将整个采访视频分成了五个组成部分：第一部分为“历史文化遗产保护意识的觉醒与概念的形成”。第二部分为“历史文化遗产保护的原则认定，政策与法规的制定”。第三部分为“城市历史文化遗产保护事业，经历了由点（单体）到线（路），再由线到面（街区）的发展过程。历史街区风貌的和谐性与多样性成为保护的焦点。观念的跟进关键在于人，在于接代延续地继承和创造，在于对后人的培养”。第四部分为“不断地反思与探索，才能科学地面对现实与挑战”。第五部分为“历史文化遗产保护是人类永恒的使命，通力合作是为了人类自身更好地生活与发展”。五个概括性的标题一旦被整合确定下来后，纲举目张似地便支撑开了片子的五大段落，为“双城问道”的推进以及影片的结构层次提供了可供攀援的阶梯。

总之，采用综合媒介的方法来保护历史文化遗产，无论它们是物质的还是非物质的，从对它们的记录、立档、研究到相关信息的展现与传播，经融合的媒介将会在最大程度上包容与承载人的认识、发现及思想的全部。

参考文献

古代文献

[1] [汉] 许慎 . 说文解字 [M]. 天津：天津古籍出版社，1991.

[2] [西汉] 刘德 . 乐记 [M]. 吉联抗，译注，北京：音乐出版社，1958.

[3] [西晋] 杜预 . 春秋左传集解 [M]. 上海：上海人民出版社，1977.

[4] [南齐] 谢赫，[陈] 姚最 . 古画品录 [M]. 王伯敏，标点注译 . 北京：人民美术出版社，1959

[5] [唐] 姚思廉 . 陈书 [M]. 北京：中华书局，2000.

[6] [唐] 释慧立 . 大慈恩寺三藏法师传（卷五）[M]. 北京：中华书局，2000.

[7] [唐] 张彦远 . 历代名画记 [M]. 北京：中华书局，1985.

[8] [后晋] 刘昫 . 旧唐书 · 卷七十八 · 列传第二十八 [M]. 北京：中华书局，1975.

[9] [宋] 郭熙 . 林泉高致 [M]. 济南：山东画报出版社，2010.

[10] [清] 方玉润 . 诗经原始 [M]. 北京：中华书局，1986.

[11] [清] 成肇麐 . 唐五代词选 [M]. 台湾：台湾商务印书馆，1970.

现代文献

[1] Charles Esche，Will Bradley. Art and Social Change：A Critical Reader[M]. Tate Publishing，2008.

[2] Oliver Grau. Media Art Histories[M]. The MIT Press，2007.

[3] Hannes Leopoldseder，Christine Schopf，Gerfried Stocker. Ars Electronica 1979–2009 the First 30 Years：The Network for Art Technology and Society[M]. Hatje Cantz，2009.

[4] 范迪安，张尕 . 合成时代 [M]. 北京：中国美术馆，英国伦敦：THE MIT PRESS，2008.

[5] 王伯敏 . 中国版画通史 [M]. 石家庄：河北美术出版社，2002.

[6] 黄裳 . 清代版刻一隅 [M]. 济南：齐鲁书社，1992.

[7] 荣新江 . 敦煌学十八讲 [M]. 北京：北京大学出版社，2001.

[8] 维克托・迈尔 – 舍恩伯格，肯尼思・库克耶 . 大数据时代 [M]. 盛杨燕，周涛译，译 . 杭州：浙江人民出版社，2013.

[9] 郭春宁 . 数字媒体概论 [M]. 北京：机械工业出版社，2014.

[10] 张宇 .3ds Max 游戏美术制作火星课堂 . 北京：人民邮电出版社，2009.

[11] 莫维里，罗森费尔德 .Web 信息架构：设计大型网站 [M]. 陈建勋，译 . 北京：电子工业出版社，2008.

[12] Lee Purcell Jordan Hemphill.Internet 音频资源实用指南 [M]. 北京：电子工业出版社，1998.

[13] 凯文・凯利 . 失控：全人类的最终命运和结局 [M]. 东西文库，译 . 北京：新星出版社，2012.

[14] 熊澄宇 . 媒介史纲 [M]. 北京：清华大学出版社，2011.

[15] 陈兆复 . 中国岩画发现史 [M]. 上海：上海人民出版社 1991.

[16] 陆云达 . 中国美术简史 [M]. 北京：中国文史出版社，2014.

[17] 朱立元 . 艺术美学辞典 [M]. 上海：上海辞书出版社，2012.

[18] 方建国 . 中外动画史 [M]. 2 版 . 杭州：浙江大学出版社，2012.

[19] 张振宇，张西子 . 自“名”而“动”由“人”及“物”—中国古代“媒介”概念的意义变迁 [J]. 国际新闻界，2011（5）：81–86.

[20] 马歇尔・麦克卢汉 . 理解媒介—论人的延伸 [M]. 何道宽译，北京：商务出版社，2000.

[21] D.J. 切特罗姆 . 传播媒介与美国人的思想 [M]. 黄爱禾等译，北京：中国广播电视出版社，1992.

[22] [美] 梅尔文・L・德弗勒，埃弗雷特・E・丹尼斯 . 大众传播通论 [M]. 颜建军，王怡红，张跃宏，等译，北京：华夏出版社，1989.

[23] 龚炜 . 新时期大众传媒与大众文化 [M]. 贵州：贵州人民出版社，2003.

[24] 戴维・巴勒特 . 媒介社会学 [M]. 赵博英，孟春，译 . 北京：社会科学文献出版社，1989.

[25] Cecilia S. L. Lai，Simon E. Fisher，Jane A. Hurst，et al. A Forkhead–domain Gene is Mutated in a Severe Speech and Language Disorder[J].Nature,2001（413）.

[26] 池昌海 . 基础语言学 [M]. 杭州：浙江大学出版社，2007.

[27] 约翰 . 马丁 . 舞蹈概论 [M]. 欧建平，译，北京：文化艺术出版社，1994.

[28] 袁禾 . 中国古代舞蹈史教程 [M]. 上海：上海音乐出版社，2004.

[29] 曲彦斌 . 副语言习俗 手势、情态、口哨等语言现象 [M]. 沈阳：辽宁大学出版社，1988.

[30] 袁禾 . 舞蹈与传统文化 [M]. 北京：北京大学出版社，2011.

[31] 瞿明安，郑萍 . 沟通人神 中国祭祀文化象征 [M]. 成都：四川人民出版社，2005.

[32] 王宁宁，江东，杜晓 . 中国舞蹈史 [M]. 北京：文化艺术出版社，2012.

[33] 库尔特・萨科斯 . 世界舞蹈史 [M]. 郭明达，译，上海：上海音乐出版社，2014.

[34] 李世安 . 世界文明史 [M]. 北京：中国发展出版社，2000.

[35] 池昌海 . 现代语言学导论 [M]. 杭州：浙江大学出版社，2007.

[36] 饶宗颐 . 论古史的重建 [J]. 中国书法，2012（2）：12–17.

[37] 李学勤 . 中国古代文明研究 [M]. 华东师范大学出版社，2004 年 11 月 .

[38] 雅斯贝斯 . 历史的起源与目标 [M]. 魏楚雄，俞新天，译 . 华夏出版社，1989 年 6 月 .

[39] 顾建平 . 汉字通 中英双语版 [M]. 上海：东方出版中心，2014.

[40] 王荔 . 良渚原始审美文化研究 [M]. 上海：同济大学出版社，2008.

[41] 李万健 . 中国古代印刷术 [M]. 郑州：大象出版社，2009.

[42] 罗仲辉 . 印刷史话 [M]. 北京：社会科学文献出版社，2011.

[43] 聂石樵 李炳海 . 中国文学史 第一卷 [M]. 北京：高等教育出版社，2003.

[44] 李春 . 当代中国传媒史 1978–2010 上册 [M]. 桂林：漓江出版社，2014.

[45] 热尔曼・巴赞 . 艺术史 [M]. 刘明毅，译 . 上海：上海人民美术出版社，1999.

[46] 宗白华 . 美学散步 [M]. 上海：上海人民出版社，2005.

[47] 叶子 . 潘天寿花鸟画论稿 [M]. 上海：上海人民美术出版社，2012.

[48] 莱辛 . 拉奥孔 [M]. 朱光潜，译 . 北京：人民文学出版社 1984

[49] 瓦尔特・赫斯 . 欧洲现代画派画论选 [M]. 宗白华，译 . 人民美术出版社，1980.

[50] 萧培金 . 近现代书论精选 [M]. 郑州：河南美术出版社，2014.

[51] [宋] 孟元老 . 东京梦华录 [M]. 郑州：中州古籍出版社，2010.

[52] 黄鸣奋 . 西方数码艺术理论史 1 数码编程的艺术潜能 [M]. 上海：学林出版社，2011.

[53] 黄鸣奋 . 西方数码艺术理论史 2 数码文本的艺术价值 [M]. 上海：学林出版社，2011.

[54] 黄鸣奋 . 西方数码艺术理论史 3 数码媒体的艺术功能 [M]. 上海：学林出版社，2011.

[55] 黄鸣奋 . 西方数码艺术理论史 4 数码文化的艺术影响 [M]. 上海：学林出版社，2011.

[56] 黄鸣奋 . 西方数码艺术理论史 5 数码现实的艺术渊源 [M]. 上海：学林出版社，2011.

[57] 黄鸣奋 . 西方数码艺术理论史 6 数码进化的艺术取向 [M]. 上海：学林出版社，2011.

[58] [美] 史蒂文・卡茨 . 从构思到银幕电影镜头设计 [M]. 世界图书出版公司北京公司，2010.

[59] 福柯 . 知识考古学 [M]. 谢强，马月译 . 北京：生活・读书・新知三联书店，1998.

[60] Zhou Hongtao.hongtao zhou extrudes typography into 3D–printed textscape[EB/OL]. [2015–01–13].http：//www.designboom.com/art/hongtao–zhou–3d–printed–textscape–extruded–typography–01–13–2015.

[61] Lowes. The road to Xanadu： A Study in the Ways of the Imagination[M]. Boston： Houghton Mifflin，1927

[62] 于春海 . 易经 [M]. 吉林：吉林文史出版社，2006.

[63] 陆佳佳 . 同人作品的知识产权冲突问题探讨 [D]. 华东政法大学，2012.

[64] 克里斯・安德森 . 长尾理论: 为什么商业的未来是小众市场 [M]. 乔江涛，石晓燕，译 . 北京: 中信出版社，2015.

[65] 杰夫・豪 . 众包：群体力量驱动商业未来 [M]. 牛文静，译 . 北京：中信出版社，2011.

[66] 约翰・费斯克 . 理解大众文化 [M]. 王晓珏、宋伟杰，译 . 北京：中央编译出版社，2001.

[67] 阿瑟・阿萨・伯杰 . 媒介分析技巧 [M]. 李德刚，何玉，译 . 北京：中国人民大学出版社，2005.

[68] 奥利弗・博伊德—巴雷特，克里斯・纽博尔德 . 媒介研究的进路 经典文献读本 [M]. 汪凯，刘晓红，译 . 北京：新华出版社，2000.

[69] 汪晖，陈燕谷 . 文化与公共性 [M]. 北京：生活・读书・新知三联书店，1998.

[70] 马克思 . 关于费尔巴哈的提纲 [M].// 马克思恩格斯选集：第 1 卷，北京：人民出版社，1972.

[71] 汉斯・贝尔廷 . 现代主义之后的艺术史 [M]. 洪天富，译 . 南京：南京大学出版社，2014.

[72] 奥利弗・格劳 . 虚拟艺术 [M]. 陈玲主，译 . 北京：清华大学出版社 ，2007.

[73] 王荔 . 中国设计思想发展简史 [M]. 长沙：湖南科学技术出版社，2003.

[74] 梅罗维茨 . 消失的地域：电子媒介对社会行为的影响 [M]. 肖志军，译 . 北京：清华大学出版社，2002.

[75] 人民网 . 2014 年度舆情报告：网络舆论载体的变化和媒体融合 [EB/OL].[2014–12–31]. http：//yuqing.people.com.cn/n/2014/1231/c354318–26305947.html.

[76] 伽马数据 . 2015 年中国游戏产业报告：网游占大头、PC 单机已死！ [EB/OL].[2015–12–

17].http：//www.yxdown.com/news/201512/252393.html.

[77] 人民网 .2015 年互联网舆情分析报告：网络舆论版图的变化 [EB/OL].[2015-12-24].http：//yuqing.people.com.cn/n1/2015/1224/c401685-27972437.html

[78] 零趣网络科技 .2016 年全球电子竞技市场报告 [EB/OL].[2016-02-18].http：//mt.sohu.com/20160218/n437732450.shtml.

[79] Tiltbrush[EB/OL].[2016-07-08].https：//www.tiltbrush.com.

[80] Magicleap[EB/OL].[2016-07-08].https：//www.magicleap.com.

[81] 龚琳 . 同人二次创作作品的著作权性质分析 [J]. 白城师范学院学报，2012（4）：41-45.

后　记

本书原为文化部社会科学基金艺术学项目课题，课题的名称为“媒体艺术思想史”。目标是循历史脉络提炼出具代表性的媒介类型，从中加以辨析不同时期人类基于媒介进行自我表达的艺术形式以及特征。以“媒介”为引领线索，回顾并梳理了人类表达多样化的发展历程。因而原课题题目改定为“媒体艺术思想史略——从艺术人文表达的角度”。人类从前文字阶段、纸质印刷媒介、电子媒介，到今天的掌媒时代一路走来，已创造出多种媒介融合共存的繁荣局面，人类的表达因此也有了越来越大、越多的空间领域与方法手段。

然“媒介艺术思想史”本是一个极宽泛的概念，并非这样一篇简要的微论可以涵盖与详尽。因此在本书临近出版之时，笔者除了再次修改之外，又重新思考书名的确定，最终将书名定为《从结绳到比特——人类心灵的表达》。结绳是上古时期，文字发明之前人类数数记事的重要手段，而比特（bit）是今天人类用计算机计算用于存储数据、传递信息的最小单位，诞生于20世纪，是第三次科技革命的伟大产物；结绳而成的每一个绳结是记录事件的微小节点，而比特作为二进制数字中的“位”，也是信息量的最小单位。虽然二者诞生的时代相隔遥远，形态亦从手工转变为数字化，但它们都是人类力图抵抗时间，留下记录的信息载体，是人类文明流传于世间迄今为止重要的见证。在此二者对照下，我们仿佛可以在刹那间望穿人类数万年来走过的路途，由此想象我们迎来的未来将会是什么情状。

最后，特别感谢我的现已毕业的硕士研究生杨一帆等在本课题研究及撰写过程中的参与与支持；感谢同济大学出版社在成书阶段予以的全力支持，感谢此书责任编辑对于此书的精心编排。

王　荔

2017年5月